Luís Augusto Fischer

Machado e Borges: clássicos e formativos

Cadernos Ultramares

ORGANIZAÇÃO E PROJETO GRÁFICO
Marcos Lacerda, Ana Paula Simonaci e Sergio Cohn

ISBN 9786586962796

azougue press |
coordenação geral Sergio Cohn
coordenação editorial
Sergio Cohn — Darien Lamen — Cristián Jiménez Plaza
Brasil | CNPJ 12.272.339/0001-26
Portugal | Oca Editorial NF 515805394
USA | E. Id. 803650511
Chile | Tucán Ediciones RUT 77.369.106-1

A proposta dos Cadernos Ultramares é transpor fronteiras. Não apenas geográficas, com a edição de um amplo panorama do pensamento brasileiro para o público português, mas também entre as áreas do saber, criando uma coleção transdisciplinar, acessível não apenas para leitores especializado, pesquisadores e acadêmicos, como para interessados em geral.

Para isto, os Cadernos Ultramares privilegiam a leveza do ensaio, a "brigada ligeira", utilizando-se de um gênero marcado pela abertura e experimentação, uma forma privilegiada para a proposição e a apresentação de interpretações da cultura e da sociedade. Nos últimos anos, o gênero ensaio tem sido revalorizado como um importante meio de diálogo entre a pesquisa acadêmica e a sociedade.

O Brasil possui uma produção riquíssima de pensamento em diversas áreas, que vão da física à antropologia, da matemática às artes. Os Cadernos Ultramares, ao trazerem importantes textos de alguns dos nossos mais renomados pensadores, sejam clássicos ou contemporâneos, busca possibilitar ao leitor um olhar amplo e qualificado sobre essa produção.

Interessa-nos a constituição de um diálogo entre áreas, de uma conversa aberta que escape das armadilhas do pensamento especializado e do produtivismo acadêmico. Interessa, antes de tudo, a valorização do encontro do leitor com o sabor do texto, do prazer da leitura e da troca livre de pensamento.

APRESENTAÇÃO
POR MARCOS LACERDA

Luís Augusto Fischer é escritor e crítico literário bastante conhecido no campo intelectual e cultural brasileiro, com ampla e significativa produção. Professor titular de Literatura brasileira na UFRGS, também vem atuando na sistematização da produção crítica em canção popular, escrevendo livros, ensaios e orientando alunos e alunas. Podemos mencionar aqui obras de peso como os livros Inteligência com dor: *Nelson Rodrigues ensaísta* (2009) e *Machado e Borges: e outros ensaios sobre Machado de Assis* (2008), além de uma série longa e expressiva de ensaios e artigos, entre eles cabendo destacar "O fim do cânone e nós com isso - passado e presente na literatura brasileira" (2014), "Simões Lopes Neto e Guimarães Rosa: literatura e o luto no sertão" (2014) e "Nesta rua passa o Universo", sobre a grande obra de Vitor Ramil, entre muitos outros possíveis.

Fischer é um dos mais contundentes e requintados críticos da tradição que canonizou a Semana de Arte Moderna de 22, colocando em questão a relação pré-reflexiva que parte expressiva da crítica no Brasil e dos campos intelectual, cultural e acadêmico em geral passou a ter com este momento histórico da modernização das artes e da cultura no país. Vale ler para isso, entre outros textos de sua autoria sobre o tema, o ensaio *Reféns da modernistolatria* (2013), publicado na revista *Piauí*.

Em grande medida e como diz o autor, a nosso ver acertadamente, os sentidos profundos, e sempre em disputa, do processo de modernização das artes, da cultura e da sociedade brasileira ficam ocultados em grande parte por conta da permanente naturalização celebratória da Semana de 22 como supostamente o fato único e último do modernismo brasileiro, fazendo com que tudo que decorreu antes, no contexto da semana — e para além de São Paulo — e imediatamente depois seja considerado como derivações do modernismo paulista, que teria "tocado do sino" primeiro, para usar uma expressão do Mário de Andrade. E isso se deve a diversos fatores, próximos mesmo à semana, como o interesse da elite econômica paulistana em se diferenciar do Rio de Janeiro, então capital federal e centro cultural do país; à criação da USP, como primeiro exemplo de modernização intelectual vigorosa no Brasil; e ao tropicalismo que massificou, em ambientes das classes médias letradas ou mais ou menos letradas, a versão do modernismo paulista de 22.

Em suma, houve um processo que, em sociologia bourdiesiana, poderíamos chamar de transformação da doxa, aquele âmbito do que está em disputa, em ortodoxa, ou seja, em regra geral naturalizada e apreendida de forma pré-reflexiva, como se fosse, e agora eu uso as palavras do próprio Fischer, fatos transcendentais, verdades absolutas. E isso vale tanto para a centralidade do modernismo paulista de 22 quanto para o tropicalismo no que diz respeito à canção popular. Daí a aproximação do autor entre estas duas movimentações da cultura e das artes no Brasil que se transformaram em padrão crítico e estético e, ao mesmo tempo, em *mainstream* midiático e mercadológico, pensando aqui tanto no mercado de consagração e validação crítica e cultural da literatura quanto da canção popular.

O modernismo paulista bambeou entre o nacionalismo e a vanguarda, a busca pela singularidade "local" originária e a experimentação formal. Neste sentido, deixou passar a obra vigorosa, profundamente cosmopolita e que resolveu, como poucas em nossas terras, a tensão entre processos sociais e formas artísticas. Eu me refiro a Machado de Assis. E é justamente o ensaio "Machado e Borges, clássicos e *formativos", primeiro capítulo do seu livro Machado e Borges* (2008) em que trata da obra do grande escritor carioca, ao lado de Jorge Luís Borges, outro grande nome da literatura feita na periferia do capitalismo, que selecionamos para este volume da coleção Cadernos Ultramares.

Fischer apresenta, neste ensaio, um conjunto de aspectos, de diferentes ordens, com o intuito de fazer uma série de aproximações e distanciamentos entre dois dos maiores escritores do Brasil e da Argentina, Machado de Assis e Jorge Luís Borges. Exercício minucioso e paciente, que recobre desde a biografia de cada um dos autores, mostrando diferenças significativas no processo de socialização para uma educação formal de base cosmopolita, até uma série de variações mais próximas dos contextos histórico, político, cultural e estético-formal.

As diferenças são de época, ordem geográfica, língua e classe social. As aproximações se situam no âmbito da experiência colonial de ambos países, da condição de periferia do Ocidente europeu, da problemática relativa à tensão entre nacionalismo e cosmopolitismo, da postura racional de feição classicizante e do grau de excelência em relação ao modo como explicitaram estas questões na forma artística. Ambos viveram períodos economicamente prósperos nos respectivos países, embora com distinções na base social de cada um deles. O Brasil, a época tendo o Rio como capital, com estabilidade político institucional e crescimento econômico através da exploração da mão-de-obra escrava. A Argentina, já liberta da escravidão no início da segunda metade do século XIX, também estável e em pleno desenvolvimento no período de formação de Borges, primeira metade do século XX.

No entanto, temos de um lado, no Brasil de Machado, uma sociedade subletrada, com um processo de colonização que adiou por muito tempo o letramento nas colônias. De outro lado, na Argentina, uma sociedade letrada, culta, com políticas de educação formal bem consolidadas. Assim, o ambiente social de Borges é bem diferenciado do ambiente de Machado, o que torna ainda mais enigmático, diga-se de passagem, o desenvolvimento do nosso mestre na periferia do capitalismo.

O ensaio vai assim se estruturando através desse binômio identidade/diferença, aproximações/distanciamentos até chegar a algumas sínteses possíveis, mas sempre provisórias. Entre elas, cabe mencionar a presença, nos dois autores, de uma racionalidade altamente reflexiva e hipercrítica, desconfiada tanto dos arroubos derramados e expressivos do romantismo, quanto dos anseios de representação mimética da realidade no realismo. Um racionalismo crítico, fortemente irônico e que desloca e inquieta permanentemente o leitor com seus jogos de revelação e ocultamento. Há algo como um para-além do narrador e dos personagens, como se autor aparecesse e colocasse em suspenso a própria estrutura formal do texto literário, situando assim a narrativa entre o ensaio filosófico e o texto ficcional. Vale aqui citar uma passagem do ensaio:

> Não sei se será só comigo, mas dá a impressão de que a obra deles, em qualquer de suas encarnações ficcionais (poesia, romance, conto), nunca pode ser lida sem que se leve em conta um cérebro raciocinante por trás, uma ativa vontade de entender o mundo, uma perspectiva, como direi?, cognoscitiva onipresente. Nunca na obra deles a ficção, o pacto ficcional, a suspension of disbelief engolfa o leitor a ponto de este perder o pé na realidade, como acontece com grande facilidade no romance balzaquiano e na ficção anterior ao século 20, em geral. Nunca na obra deles se entra sem sentir a presença dessa entidade que está para além do personagem e do nar-

> rador, uma espécie de consciência ativa que, se não fala diretamente no texto, estende sua sombra sobre ele.

O exercício da razão narrativa se dá através da inexistência do pacto ficcional em sua dimensão máxima, como se houvesse sempre momentos de despertar e o autor/narrador colocasse em suspenso a própria trama romanesca. Ao colocá-la em suspenso permite a aparição de movimentos reflexivos muito parecidos com a forma do ensaio.

Poderíamos dizer, neste sentido, que "o real é racional", mas não no âmbito de um racionalismo idealista, tampouco num racionalismo que supõe tornar transparente a apreensão do real, através de descrições minuciosas da vida social e cotidiana. Talvez estejamos diante de um racionalismo mais propriamente irônico e hipercrítico, que vê a opacidade das relações humanas, e mesmo as suas perversidades, algo bem diferente da busca de transparência e representação mimética com reforma social e mesmo tom de denúncia em parte do realismo. Mas também distante do vitalismo fortemente pulsional e expressivo do romantismo.

Temos assim uma oposição tanto ao romantismo quanto ao realismo. Oposição presente na forma artística e, digamos assim, no "projeto cultural e social". Em relação ao romantismo a desconfiança no tom derramado, efusivo e mesmo vitalista da escrita; em relação ao realismo, a rejeição à escrita extremamente detalhada de aspectos da vida social e cotidiana, aos "enchimentos" tão característico desta forma de romance.

Neste sentido, o autor nos chama a atenção para a demarcação de pertencimento à tradição clássica nos dois escritores, na qual está inserida a cultura Ocidental, em contraposição aos arroubos fundacionais ou de base vanguardistas do romantismo e, se estendermos, do próprio modernismo. O pertencimento a uma tradição clássica implica na recusa a projetos de base nacionalista ou localistas, ou aos movimentos de procura de uma identidade originária e singular.

Não há assim, nos dois autores, nem compromisso nacional ou popular, mas a filiação a formas de pensamento classicizante que impelem à construção de uma razão narrativa altamente reflexiva e de base universal. No entanto, uma base universal fincada em contextos históricos, políticos e sociais da periferia do capitalismo e do Ocidente moderno. E é aí que se situa todo imbróglio das questões tratadas no texto.

Sem aderir ao romantismo ou ao realismo, desconfiando do nacional ou do popular como pressupostos da criação literária e de pensamento, Machado e Borges criaram formas artísticas que expressam de modo mais complexo e com alto poder de resolução formal alguns dos impasses na relação entre processos sociais específicos situados em contextos coloniais à margem dos centros da modernidade ocidental e formas artísticas criadas nestes contextos. Mas isso se deu de que forma? Deixemos ao leitor ou leitora deste belo "Machado e Borges: clássicos e formativos" o prazer da descoberta.

Ensaio, diga-se de passagem, de fôlego, denso, sem deixar de ser claríssimo e de leitura bastante prazerosa tanto para o especialista, quanto para o leigo, ou melhor, tanto para o leitor ou leitora interessados na crítica de base histórico-sociológica, nas minúcias dos aspectos formais da obra, quanto para quem quer saber mais sobre estes dois clássicos da literatura mundial. Texto que enlaça, de modo primoroso, como nos melhores exemplos da nossa crítica dialética, processos sociais e formas artísticas, sem recair em qualquer tipo de reificação e caminhando altivo em terreno espinhoso, o que o coloca desde já entre o que melhor se fez sobre a obra de Machado e Borges.

Machado e Borges: clássicos e formativos[1]

UM — HISTÓRIAS TÃO DIFERENTES

Um nasceu pobre, de pais apenas alfabetizados (o pai um mulato pobre, pintor de paredes, e a mãe uma portuguesa pobre recém-chegada ao novo país, trabalhando em serviços humildes), o outro nasceu muito bem colocado socialmente, com pais requintados leitores (o pai professor e escritor, a mãe tradutora, ambos com ascendentes de primeira importância em seu país). O primeiro teve pouca escolaridade formal, o segundo graduou-se na Europa; aquele, escrevendo em português, uma língua de acanhada circulação internacional no plano letrado, nunca saiu de seu país,

1 Uma versão mais expandida deste ensaio foi publicado no Capítulo 1 do livro *Machado e Borges*, Porto Alegre: Arquipélago Editorial, 2008. É por conta disso que há, na versão aqui publicada, um salto do tópico 9 para o tópico 15.

enquanto este, bilíngue de família e escrevendo em espanhol, língua de central importância no mundo culto, viveu na Europa vários anos em sua formação e, adulto, viajou pelo mundo todo. O primeiro, Joaquim Maria Machado de Assis, brasileiro, viveu no tempo do navio e do telégrafo, entre 1839 e 1908, e o segundo, Jorge Luis Borges, argentino, viveu no tempo do avião e do rádio (e da televisão), entre 1899 e 1986.

Até aqui, tudo separa e nada une esses dois gênios da literatura, como se vê pelos dados apontados, aos quais se poderiam acrescentar vários outros — a dura batalha pela sobrevivência de Machado, num país desde sempre mesquinho com os de baixo como ele, aos quais não proporciona nem mesmo uma escola elementar decente, contrastando com a formação muito confortável de Borges, que não foi rico mas nunca teve problemas de sobrevivência. Isso sem contar as enormes diferenças entre o Brasil de D. Pedro II — quer dizer, o auge do café produzido com mão de obra escrava —, quando floresce Machado de Assis, e a Argentina abastacedora da Europa em carne, lã e trigo, nos primeiros 30 anos do século 20.

Mas algo os une profundamente: cada um a seu tempo e modo, em seu país e sua língua, mediante as armas literárias disponíveis, ambos conseguiram o não pequeno milagre de equacionar satisfatoriamente os dilemas e as tensões entre a vocação das letras, na arte e no pensamento (e não por acaso os dois com temperamento clássico, anti-apaixonado, paciencioso), e a condição objetiva de morar e pertencer a contextos culturais secundários, periféricos, mal desenvolvidos em comparação com os melhores contextos ocidentais disponíveis. Os dois, com muitas diferenças mas com inacreditáveis semelhanças, que interessa conhecer, conseguiram o milagre de produzir obra superior a partir de posições relativamente inferiores. Como foi isso?

DOIS — OBRA VASTA

Essa aproximação entre Machado de Assis e Jorge Luis Borges não surpreende nenhum de seus leitores atentos. Podemos avaliar tal familiaridade começando, talvez, pelo mais superficial de sua semelhança: os dois ocupam a posição central em seu respectivo país quando se trata de pensar em "grande escritor", essa categoria mais ou menos difusa mas no fim das contas reconhecível. Ambos são editados regularmente, em variados formatos, e estão presentes na conversa das pessoas cultas em seu país, e também em sua língua, mais amplamente.

Segue a aproximação com o fato não trivial de que ambos construíram obra muito vasta. A edição Jackson, uma das bem conhecidas apresentações de Machado de Assis em livro, conta 31 volumes; a edição Nova Aguilar, em papel-bíblia, é de três volumes, cada um contendo por volta de 1200 páginas. E não há edição totalmente confiável da obra de Machado, ainda hoje, para nossa vergonha; o que se pode disputar é qual das edições tem menos escandalosos — porque muitos são, em ambas, com a pior sendo a Nova Aguilar. Em dois momentos houve tentativas de constituição de equipes para fazer o estabelecimento dos textos, para recolher tudo que estivesse disperso, etc., mas nenhuma chegou ao termo da tarefa. Romances, são nove, mas podem ser dez, se contarmos aí, como me parece justo, a novela *Casa grande*; contos, são mais de 200, alguns com autoria ainda disputada; crônicas são em número ainda não fechado, mas se contam aos milhares. E poemas, ensaios, etc. Isso tudo produzido em uma carreira de escritura que se estende dos 15 anos do autor aos dias de sua morte, quer dizer, durante 54 anos. Muita coisa.

Borges é um caso parecido. Suas obras completas, que não o são, já apresentam milhares de páginas, e não cessam as descobertas e recolhas, em revistas e jornais. Dele também não há edição estavelmente correta, nem para os contos, nem para a poesia, nem para o ensaio, os três gêneros de sua eleição, o que em parte se desculpa pelo recente de sua morte. (Quanto a romance, era gênero de que não gostava. Alguma vez disse que havia lido apenas Dickens, Conrad e Eça de Queirós; comparou o romance à ópera, e desgostava de ambos.) Para dar uma idéia: a Emecé editou em quatro volumes uma *Obra completa*, cada qual com mais de 500 páginas; depois, saíram as *Obras completas em colaboración*, com mais de 1000; não faz muito, apareceu a série de três volumes *Textos recobrados*, com um total de mais de 1000 páginas; apareceu ainda um belo volume intitulado *Borges en El Sur*, quer dizer, na sensacional revista que ele ajudou a existir por tantos anos — são mais 358 páginas. Isso para não falar de três livros inciais de sua carreira, que ele próprio decidiu não incluir nas *Completas*, mas que seus herdeiros republicaram. Ou da *Arte poética*, belíssimo ensaio publicado em livro após sua morte, a partir de seis conferências dele? E as milhares de horas, os quilômetros de fitas em que deixou entrevistas e depoimentos que a cada tanto saem em livro, mostrando um ensaísta oral da melhor qualidade?

Quer dizer: Machado e Borges, com serem gênios de seu tempo, lugar e língua, foram repórteres da sensibilidade em um extensíssimo período de tempo, período que podemos qualificar, sem nenhum exagero, como parte substantiva da própria história de seus respectivos países, jovens nações ocidentais, com menos de 200 anos de independência formal. É pouco? Não, é muito, é demais. A ponto de serem ambos talvez inabarcáveis: quem começa a ler sua obra, por qualquer lado que ataque e por mais que empenhe muito de seu tempo e sua inteligência na tarefa, pode perfeitamente passar a vida freqüentando tamanha obra, tamanhas obras, sem alcançar seu fim.

(Deixemos de lado, por ora, a fortuna crítica de ambos: trata-se de material inabarcável, no rigor do termo. São dezenas de livros, centenas de estudos, milhares de artigos, milhões de referências, no país de origem e fora dele. Borges por certo tem mais sucesso do que Machado no exterior, dada a circulação mais franca do espanhol nos circuitos cultos e universitários, relativamente ao português. Pode-se estimar igualmente, pelo mesmo motivo e mais algum outro (como o fato de Borges ser mais imediatamente palatável para o leitor europeu dos tempos atuais — os tempos mais prósperos do mercado do livro, segundo qualquer parâmetro, parece — do que Machado, por exemplo), que o argentino é mais traduzido a língua estrangeira do que Machado.)

TRÊS — SEM FILHOS

Afinidades e semelhanças de temperamento, na vida como na obra dos dois, podem ser encontradas em variados níveis. Vejamos um caso: nenhum dos dois teve filhos. Certo, tal coincidência é menos decisiva do que a distância entre os gêneros literários em que cada um se exercitou e em que se realizou — Machado foi mais contista, romancista e cronista do que ensaísta e, menos ainda, poeta, ao passo que Borges nunca escreveu romance, sendo um mestre do conto, do ensaio e da poesia, mais do que da crônica, se é que se pode pensar com esta última categoria a propósito de sua obra.

Mas o caso dos filhos pode, mesmo assim, render um pouco nessa aproximação. Em Borges, o não deixar filhos de sangue talvez seja mero acaso e nada mais, mas em Machado a coisa não é tão simples, já que o ter ou não ter filhos foi tema decisivo de sua literatura: sem especificar casos mais sutis, como o de *Helena*, cuja protagonista é reconhecida em testamento como filha do Conselheiro sem sê-lo, questão essa que está na alma do relato, lembremos Brás Cubas, que termina suas *Memórias* com a terrível frase "Não tive filhos, não transmiti a nenhuma criatura o legado de nossa miséria", frase que contém, ao menos enviesadamente, todo um comentário sobre o sentido da vida; lembremos Quincas Borba, que morre sem herdeiros naturais e por isso lega sua fortuna ao ingênuo Rubião, protagonista daquele romance patético; lembremos Bento Santiago, que viveu o tormento de crer-se traído pela mulher inclusive nesse aspecto, o do filho dela, que ele julga não ser seu e sim de seu melhor amigo, Escobar; lembremos ainda o Conselheiro Aires, cuja doce amargura expressa à perfeição com certo nihilismo que combina com a esterilidade corpórea. A julgar por aqui, quem de sã consciência poderá dizer que a questão não afetava o autor?

Se a coisa for pensada pelo ângulo da relação de Joaquim Maria com seu pai, os dados não são muito conclusivos para lado algum. Francisco José de Assis, o pai, era neto de escravos, mas filho de libertos; nascido em 1806, foi um trabalhador manual com alguma especilização (fala-se que era pintor, mas também dourador de paredes, quer dizer, um artesão), e não era um trabalhador braçal comum; sabia ler e escrever, tanto que assinou por algum tempo o *Almanaque Laemmert*, conforme afirma um de seus bons biógrafos, Jean-Michel Massa[2], seguindo Lúcia Miguel Pe-

2 *A juventude de Machado de Assis — 1839-1870: Ensaio de biografia intelectual.*

reira[3], que acrescenta uma especulação sobre certa vocação artística no pai, manifestada nessa profissão aproximada da pintura. Morreu quando o filho era jovenzinho ainda, não sem antes casar pela segunda vez: a mãe de Joaquim Maria, Maria Leopoldina Machado de Assis, faleceu quando ele tinha quase 10 anos, e cinco anos depois, em 1854, o viúvo Francisco José casou com Maria Inês da Silva. Nesse mesmo ano o futuro escritor começa a trabalhar e a publicar.

De Borges, não teremos tantos depoimentos eloqüentes de incomodação acerca do mesmo tema. Não há enredos narrativos ou assuntos poéticos que envolvam tão centralmente a parentalidade, tanto quanto eu consiga lembrar. Quando aparece algo relativo a origens, parece ser sempre desmarcado, ligado a antepassados mais remotos. Um caso que pode ser trazido à consideração é o caso do conto "El sur", um de seus clássicos. Na abertura lemos que o protagonista, Juan Dahlmann, era neto de Johannes Dahlmann, imigrante e pastor luterano, e de Francisco Flores, "del 2 de Infantería de linea, que murió en la frontera de Buenos Aires, lanceado por índios de Catrial". Dois avós, um neto; não se refere a existência de pai. A lembrança não é secundária, porque o enredo

3 *Machado de Assis — Estudo crítico e biográfico.*

do conto tem como trave principal em sua arquitetura justamente a herança de Juan Dahlmann, a sede de uma fazenda que foi dos Flores, para onde ele se desloca numa notável viagem de trem, na qual muitas coisas acontecem — na verdade, tudo acontece, em certo sentido. Na mesma abertura, lemos a seguinte consideração do narrador, após a apresentação das duas ascendências, tão diversas entre si, uma *criolla*, outra imigrante e alemã: "en la discordia de sus dos linajes, Juan Dahlmann (tal vez a impulso de la sangre germánica) eligió el de ese antepasado romántico, o de muerte romántica", quer dizer, o avô Flores. Se Juan é filho de pai Flores ou Dahlmann não sabemos, mas é certo que o avô é que importa.

De sua relação com o pai sabemos algumas coisas, e ao menos três são significativas: a primeira é que o filho herdou do pai a doença degenerativa dos olhos, que foi o motivo primeiro daquela longa temporada européia, entre 1914 e 1921. A segunda é que o pai, também Jorge (Guillermo) Borges, era escritor tentativo, tendo publicado um romance, *El caudillo*, e tradutor, tendo vertido ao espanhol Omar Khayan (a partir do inglês), mantendo ao lado disso uma filosofia rara para seu tempo (era ateu e, como se dizia na época, livre-pensador, ao lado de cultivar o vegetarianismo — em plena Argentina!); tais indicações mostram intensa afinidade entre pai e filho, no plano da vida intelectual e filosófica, em sentido amplo, motivo talvez de Jorge Luis haver pensado em retomá-la, em algum momento de sua maturidade, conforme comentou em entrevista. Tão livre-pensador era o pai que foi capaz de um gesto para mim estranho, mas parece que filosoficamente consistente com seu credo: na altura de 1918, quando o filho tinha seus 18 anos, tentou mostrar manuscritos ao pai, para obter alguma orientação, algum conselho; o pai recusou, como nos conta María Esther Vásquez, uma das melhores biógrafas[4]; o argumento para tal recusa era que, "como Bernard Shaw ou La Rochufoucauld, no creía en la eficacia de los dictámenes ajenos", e por isso o filho devia procurar seus próprios caminhos...

A terceira coisa significativa dessa relação também é relatada por María Esther Vásquez. Segundo ela, pela mesma época, vivendo a família na Europa, precisamente em Genebra, o pai resolveu que era hora de Jorge Luis ter sua iniciação sexual, e para tal armou um encontro, passando ao filho um endereço, com hora e local marcados. Diz a biógrafa: "Georgie [o apelido familiar de Jorge Luis] obedeció, pero ya en el lugar no pudo evitar un pensamiento de que estaba

4 *Borges, esplendor y derrota.*

a punto de compartir la amante con el padre. La idea lo llenó de asco y de vergüenza. Por supuesto, la cosa no funcionó". Seguiu-se uma grave crise de saúde do filho. Seja como for, parece que a relação entre eles teve um curso bastante ameno depois disso, só encerrando quando da morte do pai, em 1938, antes dos 40 anos de Jorge Luis.

Essas circunstâncias todas podem ser apenas assunto para conversa de bar, sem maior transcendência; mas dão a conhecer detalhes que valem a pena para pensar na vida mental dos dois gênios, quando menos pela afinidade específica entre Borges e seu pai no que tange ao trabalho intelectual, ou pela impressionante ascensão social e intelectual de Machado de Assis relativamente a seu pai, um humilde trabalhador de (dizendo com as palavras de hoje) classe média baixa e de poucas letras. Por outro lado, como deixar de levar em conta as oposições fortes da relação entre filho e pai, do ponto de vista do primeiro? Quanto restou em Jorge Luis daquela crise na área sexual, e por quanto tempo? Sua relativa inapetência para os temas sensuais terá a ver com isso? E Machado, será certo, como especulam alguns comentadores, por exemplo Lúcia Miguel Pereira, que guardou mágoa ao pai pelo segundo casamento? Quanta força precisou fazer cada um dos nossos dois escritores para alcançar domínio da expressão e para criar, num metiê requintado com o das letras?

Para além disso, arriscando decididamente já no terreno das especulações de bar, é difícil resistir à tentação de pensar sobre certo simbolismo involuntário nessa esterilidade física em relação com a abundância e a eficácia artística de cada um deles, no plano de sua época, país e língua: uma terá sido o preço da outra? E se tiver sido, que relevância, que posição tal equação terá ocupado na vida de cada um deles?

QUATRO — AUSÊNCIA DE SENSUALIDADE

Não apenas não têm filhos Joaquim Maria e Jorge Luis; igualmente sua obra não se marca jamais pela sensualidade — sendo os dois escritores, não custa lembrar como contraste, artistas superiores brotados em contextos que deram ao mundo duas formas de música e dança popular tão sensuais quanto o samba e o tango, respectivamente. As mulheres são seres indecifráveis, distantes, obscuras, em Machado; até sedutoras elas podem ser, assim o assunto "sensualidade" pode aparecer no enredo, mas nunca elas são exatamente de carne e osso, e nunca tal assunto domina o temperamento do relato. Augusto Meyer já tinha concluído algo na mesma direção: constatando haver muitas figuras de mulher "sensuais e pérfidas, falta saúde à sensualidade machadiana".[5] A rejeição dele ao Naturalismo não teria algo de sintomático a respeito? Lembremos de seu comentário negativo acerca de Luísa, a protagonista feminina de *O primo Basílio*. Embora o centro do argumento seja a condição da personagem enquanto tal — "a Luísa é caráter negativo, e no meio da ação ideada pelo autor é antes um tpitere do que uma pessoa moral" —, é inegável haver censura de tipo moral a ela nas palavras do crítico, quando diz, ao falar da traição dela ao marido: "Luísa resvala no logo, sem vontade, sem repulsa, sem consciência (...). Uma vez rolada ao erro, como nenhuma flama espiritual a alenta, não acha ali a saciedade das grandes paixões criminosas: rebolca-se simplesmente". No segundo texto sobre o mesmo tema, confirma essa censura moral: "essa pintura [dos fatos viciosos], esse aroma de alcova, essa descrição minuciosa, quase técnica, das relações adúlteras, eis o mal. A castidade inadvertida que ler o livro chegará à última página, sem fechá-lo, e tornará atrás para reler outras"[6].

5 Textos críticos, p. 218.
6 Os textos foram publicados em jornal em 16 e 30 de outubro de 1878, Machado com quase 40 anos. Ver Obra completa, vol. III, pp. 903-913.

Em Borges, salvo alguns poucos poemas, as mulheres sequer existem como entes físicos. Sua galeria de personagens e figuras acolhe poucas mulheres, e quando elas aparecem será mais como uma imagem esfumada, de vez em quando lírica, como no magnífico conto "El aleph" ou na tocante crônica (memória?) "Délia Elena San Marco". Um caso notável vamos encontrar em "Emma Zunz", o conto talvez mais perfeito que se pode conceber como estrutura de tipo policial. No ano de 1922, Emma, operária de fábrica, recebe a notícia da morte de seu pai — a notícia lhe causa mal-estar no ventre, por sinal —; ela repassa mentalmente os tormentos do pai, que foi acusado injustamente de haver desfalcado a uma caixa, crime cometido por um certo Loewenthal, que depois disso se beneficiou a ponto de ter virado sócio da firma, que era a empregadora de Emma. A filha trama sua vingaça, que é narrada exemplarmente, com frieza e precisão, como a ação da personagem: ela vai até a zona, que é portuária e de prostituição, entrega-se a um marinheiro que nem espanhol fala — tem asco do sexo, parece que em geral, tanto que pensa, durante o intercurso com o estrangeiro, "que su padre le había hecho a su madre la cosa horrible que a ella ahora le hacían" —, rasga o dinheiro que ele deixa e toma um ônibus até a fábrica de Loewenthal, que mora nela mesma; lá está a pretexto de denunciar colegas que estão armando uma greve, e por isso ele não estranha. Aproveitando um momento de distração do monstro, Emma toma a arma que ele guardava e atira; assim que constata sua morte, telefona para a polícia, dizendo que o homem a tinha pressionado a ir até ali naquela hora erma, para abusar dela, e por isso ela o matou.

É um conto em que sexo, vingança em favor da honra do pai (quem, por outro lado, fazia aquela coisa horrível do sexo com sua mãe) e ardil feminino combinam ao limite da perfeição concebível, do ponto de vista narrativa, ao mesmo tempo em que dá notícia de um valor, mais do que rebaixado, vil e perverso ao sexo. O fato de aqui termos uma mulher relacionada à herança paterna não chega a impugnar uma aproximação com o nexo entre Jorge filho e Jorge pai, creio.

Na obra romanesca de Machado publicada antes de seus 40 anos, na chamada primeira fase, há dois casos em que as mulheres protagonistas de alguma forma vivem uma ligação tensa e de dificil resolução entre amor, casamento (e, por aqui, sexo) e a herança paterna: Helena, no romance de mesmo nome, é reconhecida como filha por um conselheiro rico, sendo filha de outrem, um sujeito pobre e digno, que não tem a menor culpa em sua adoção branca pelo conselheiro, adoção que aconteceu por iniciativa mais ou menos perversa da mãe dela; de todo modo, Helena morre finada por não poder realizar seu amor, que se dirige ao homem que é filho do conselheiro, quer dizer, seu suposto meio-irmão, que não é nada disso; por seu lado, Iaiá Garcia, no romance homônimo, é mais um caso de uma menina de baixo que casará com um homem herdeiro, Jorge, homem este que, porém, queria casar com certa moça, Estela, mais pobre que ele, numa relação que não agrada nada à aristocrática mãe de Jorge — num enredo de alta complexidade nesse campo dos afetos e compromissos filiais cruzados com os interesses e sentimentos do casamento, essa moça Estela com quem Jorge gostaria de ter casado vai acabar casando com Luís, o pai de Iaiá, quer dizer, vai acabar casando com o sogro de Jorge. Mistura pouca?

De modo geral e panorâmico, em Machado a relação com mulheres é mediada pelo ciúme, que é burguês, como exemplarmente ocorre em *Dom Casmurro* (Capitu, por sinal, também é filha de gente humilde, ao passo que Bento Santiago é proprietário e herdeiro), ciúme que é totalmente ausente em Borges, um sujeito aristocrático. Algumas versões não apresentadas muito claramente indicam que Machado, depois de arroubos de amor na juventude (uma paixão não correspondida por Augusta Candiani, cantora lírica, mas uma outra por Gabriela Augusta da Cunha, atriz, esta correspondida, ambas bem mais velhas que ele, por sinal), teria tido paixões e talvez casos amorosos em paralelo com seu casamento com a culta Carolina, mas não se trata de algo demonstrável; Borges parece ter dado pouco serviço a seu coração nesse campo das paixões, ainda que tenha casado mais de uma vez, a primeira das quais por pouco tempo, a última das quais com sua derradeira companheira, que começou como sua secretária.

CINCO — TEMPERAMENTO CLÁSSICO

Essa ausência de sensualidade é mais ou menos como afirmar o temperamento clássico, ou melhor, classicizante, presente tanto num quanto no outro. Nascidos e criados os dois em contextos culturais de feição romântica (Machado literalmente, porque se tratava mesmo de Romantismo nacionalista, Borges metaforicamente, porque se tratava de contexto vanguardista no começo do século 20, igualmente atravessado por demandas nacionalistas, ao menos nos países sul-americanos), os dois resultaram ser escritores aparelhados de consciência anti-efusiva, antiderramada e igualmente antinacionalista, que era também uma consciência sobre o papel da deliberação na construção da arte, oposta também nesse particular ao espontaneísmo, de feição romântica.

Onde se vê tal aspecto? Em sentido amplo, como veremos mais adiante, na consciência que cada um desenvolveu, nas condições específicas de sua respectiva vida, acerca das tarefas cabíveis para a literatura. Nenhum dos dois permaneceu ligado a uma visada localista ou nacionalista, ainda que os dois tenham namorado tal posição na juventude. Essa consciência se aproxima muito da perspectiva clássica, aquela anterior à eclosão romântica ocorrida na Europa em fins do século 18 e na América na primeira metade do 19: perspectiva clássica no sentido de compreender a literatura e conceber-se a si mesmos, enquanto artistas, como pertencendo a uma tradição antiga (ao contrário da idéia fundacionista que animou românticos em geral e certos vanguardistas), tradição referida ao mundo clássico, que interessa conhecer e levar adiante.

De modo mais específico, tal classicismo pode ser detectado em alguns aspectos pontuais. Um deles, na versão machadiana, é o consabido "tédio à controvérsia". A expressão aparece, na obra de Machado, num romance de sua maturidade, *Esaú e Jacó*. Escrito, como se lê na apresentação, pelo Conselheiro Aires, no cap. XII traz uma descrição de Aires, feita pelo narrador de terceira que esconde o autor suposto; diz assim: "Era cordato, repito, embora a palavra não exprima exatamente o que quero dizer. Tinha o coração disposto a aceitar tudo, não por inclinação à harmonia, senão por tédio à controvérsia." Não tinha o gosto pelos arrebatamentos, este Aires, e a tradição dos comentadores de Machado assimilou tal característica ao autor mesmo, que não entrou em debate público, nem mesmo em temas candentes.

Isso na maturidade, é preciso dizer. Porque quando moço Machado expressou sua bronca com alguma contundência. Aos vinte anos, por exemplo, meteu lenha numa instituição oficial como o Conservatório Dramático, órgão em que ele mesmo, anos depois, iria militar oficialmente (sua frase a propósito do órgão é: "Organizado desta maneira era inútil reunir os homens de literatura nesse tribunal; um grupo de vestais bastava"[7]). E mesmo nas vésperas da grande viravolta de sua carreira, que se deu aos 40 anos com *Memórias póstumas de Brás Cubas*, vamos ler uma têmpera brigona naquela famosa discussão sobre o romance *O primo Basílio*, de Eça de Queirós. Como se sabe, Machado publicou a resenha do romance no dia 16 de

7 Remeto o leitor ao artigo "A crônica dos 20 anos", neste mesmo volume, para conhecer outros exemplos dessa fúria vinteaneira.

abril de 1878 e retornou ao tema duas semanas depois, no dia 30, porque o debate público esquentou e ele se viu na contingência de esclarecer seus pontos de vista. Nesse segundo texto é que se lê a seguinte passagem, de retórica de guerra, a certa altura, quando está para dizer que foi mal lido por certos contendores: "Que não entendessem, vá; não era um desastre irreparável. Mas uma vez que não entendiam, podiam lançar mão de um destes dois meios: reler-me ou calar"[8]. Por outras e mais belicosas palavras, Machado está dizendo que não admite contestação, porque se não tivessem entendido era ou reler, ou não dizer mais nada.

Borges também apresenta em sua trajetória uma curva desse tipo: igualmente soube brigar na juventude, mas assim que se compenetrou do que aqui estou chamando de classicismo baixou nele o tédio à controvérsia. Vejamos uma passagem de seu primeiro livro de ensaios, aquele famoso *Inquisiciones* (livro de 1925, quando o autor contava 26 anos), que ele expurgou de suas *Obras completas*, quando começou ele mesmo a publicá-las (mas que felizmente está republicado, junto com os outros dois livros de juventude renegados, *El tamaño de mi esperanza* e *El idioma de*

8 Aguilar, volume III, pp. 909-910.

los argentinos). No ensaio "Ejecución de tres palavras", se ocupa de, como diz o título, executar retoricamente três termos de que os poetas da geração anterior (que equivalem no Brasil aos parnasianos, mas que lá se chamam, para nossa confusão, "modernistas" — ver adiante) abusavam: "inefable", "misterio" e "azul". E diz o jovem ensaísta, com uma retórica guerreira e localista: "Yo, ante la afrancesada secta de voces que embolisman la charla, descalabran toda cuartilla y salen fatalmente a relucir en las composiciones de quienes se dedican a vocear nubes e gesticular balbuceos, he determinado alzar un Dos de Mayo en estos apuntes". Dois de maio, como se sabe, é alusão que remete à Espanha de 1808: nesta data ocorreu o levante da população madrilenha contra a ocupação francesa, em gesto libertador de matiz por assim dizer nacionalista, que foi eternizado por Goya em quadro famoso, o lado triunfante daquele outro quadro, que tem por tema o 3 de maio, quando foram fuzilados os revolucionários restantes.

Na medida em que amadureceu, de certa forma foi perdendo essa seriedade (parecida com a dos modernistas brasileiros em seu combate ao Parnasianismo) e aprendendo a ironia, que serviu para muita coisa em sua longa carreira. Serviu, por exemplo, para um comentário de grande eloqüência no quesito "tédio à controvérsia". Está na abertura da "Historia del tango", capítulo que hoje em dia vem publicado no livro *Evaristo Carriego*, este publicado originalmente em 1930 e com segunda edição apenas em 1955[9]. O luminoso ensaio começa referindo três historiadores do tango, que contaram cada um sua particular versão sobre o tema; e diz Borges, exemplarmente discreto: "Nada me cuesta declarar que suscribo a todas sus conclusiones, y aun a cualquier otra".

SEIS — DESCONFIANÇA NO REALISMO

Já que mencionamos aquela crítica de Machado a Eça, cabe fazer mais uma aproximação entre ele e Borges, a partir dela. É que Machado não aceita, em *O primo Basílio*, justamente a transferência da matriz da força do romance, que deixa de estar na composição do personagem, de sua psicologia — Machado não usa essa palavra então, porque ela não tinha tal significado —, para abrigar-se num truque narrativo,

9 Não consegui obter certeza sobre a data da primeira publicação da "Historia del tango", mas parece que ela só aparece na segunda edição do livro. Uma indicação segura nessa direção vem nas datas de duas cartas publicadas como comentários a tal "Historia", anexas a ela, sendo as cartas datadas de 1952 e 53, escritas a propósito da publicação em jornal da mesma "Historia". Está na Obra completa, volume I, pp. 157 e seguintes.

a interceptação das cartas pela criada de Luísa. Para Machado, Luísa é um "caráter negativo", um "títere" e não uma "pessoa moral"; ele se sente desconfortável com a obsessão realista de Eça ("Porque a nova poética é isto, e só chegará à perfeição no dia em que nos disser o número exato dos fios de que se compõe um lenço de cambraia ou um esfregão de cozinha" [10]). Faz lembrar a falta de paciência de Borges para com o romance em geral, que pode ser contabilizada como falta de apetite para com o realismo miúdo, o mesmo rejeitado por Machado — e rejeitado também por um outro temperamento classicizante que nenhuma relação direta tem com os dois agora examinados mas que, em outro sentido, tem tudo que ver com eles. Na antologia de Alain de Mijolla chamada *Pensamentos de Freud*, composta de fragmentos de cartas e outros materiais mais e menos nobres do inventor da psicanálise, encontro lá na página 100 essa declaração do inventor da psicanálise: "Comecei a ler o livro de Cèline (*Voyage au but de la nuit*) e estou na metade. Não aprecio essa pintura da miséria e do vazio de nossa vida atual que não se apóia num fundo artístico ou filosófico. Não é o realismo que exijo da arte, é outra coisa".

10 Pp. 905 e 904, op cit.

Borges, da mesma família mental, além de sua manifesta predileção por borrar os laços realistas mais sólidos em boa parte de sua ficção, por exemplo quando freqüenta temas remotos no tempo e no espaço (suas *Ficciones* estão cheias disso, como em "Las ruinas circulares") ou quando inventa biografias de indivíduos (como é o caso da *Historia universal da infamia*), desgosta do romance exatamente pelo realismo, como deixou consignado em incontáveis entrevistas — "Tenho também a impressão de que o romance é como uma superstição de nosso tempo, como o foram no passado o drama de cinco atos ou a epopéia"; "Ler um romance é como entrar em uma casa cheia de desconhecidos, aos quais nos apresentam um a um"; "Fui derrotado pelos mais famosos romances do mundo"[11].

Da mesma raiz classicizante vem um traço que está presente em toda a obra dos dois gênios, mas especialmente na obra da maturidade de cada um —

11 *Dicionário de Borges*, p. 183. Nota realmente à margem: no recente Borges, edição parcial dos diários de Bioy Casares apenas naquilo que tem a ver com Borges (com 1663 páginas, não menos), o autor diz que ambos concordavam em colocar Luísa, a protagonista de O primo Basílio, na galeria dos grandes personagens verossímeis do romance, em todos os tempos e línguas. Pessoalmente, me permito duvidar que Borges tenha lido este Eça; talvez tenha concordado pela ênfase do amigo. Está na p. 154 tal referência.

maturidade que brotou, também em paralelo notável, depois dos 40 anos (Machado com *Memórias póstumas de Brás Cubas*, livro de 1881, quando o autor tinha 42 anos, Borges com *El jardín de los senderos que se bifurcan*, de 1941, ou com os contos de *Artifícios*, livro de 44). Trata-se de uma característica que me parece visível a olho nu, ao menos para o leitor que freqüenta regularmente a obra de ambos, mas que permanece fora do alcance da nomeação crítica até agora. O que é?

Não sei se será só comigo, mas dá a impressão de que a obra deles, em qualquer de suas encarnações ficcionais (poesia, romance, conto), nunca pode ser lida sem que se leve em conta um cérebro raciocinante por trás, uma ativa vontade de entender o mundo, uma perspectiva, como direi?, cognoscitiva onipresente. Nunca na obra deles a ficção, o pacto ficcional, a *suspension of disbelief* engolfa o leitor a ponto de este perder o pé na realidade, como acontece com grande facilidade no romance balzaquiano e na ficção anterior ao século 20, em geral. Nunca na obra deles se entra sem sentir a presença dessa entidade que está para além do personagem e do narrador, uma espécie de consciência ativa que, se não fala diretamente no texto, estende sua sombra sobre ele. Lê-se a obra ficcional de Machado e de Borges e fica-se com aquele incômodo sentimento, que nem nome tem, de que o que o texto sugere é sempre mais do que o que foi apreendido na leitura, e tal descompasso faz parte da natureza do jogo que aquele texto instaurou. (Augusto Meyer, comentador de Machado que não está entre os que mais aprecio mas que não pode deixar de ser lido, foi talvez o primeiro a perceber algo dessa ordem, por exemplo na aproximação que faz entre Machado e Dostoiévski, na imagem do "homem subterrâneo", ou na expressão "monstro de lucidez" com que qualifica essa atividade que estou aqui tentando descrever.[12] A propósito: lembrando a crítica a Eça, podemos perguntar onde Machado colocará a força de seu romance. Resposta: nem no conjunto das peripécias, como Eça fez, nem no personagem, como o romance de raiz impressionista fará, mas no ponto de vista, nessa espécie de "razão narrativa" que ele põe em atuação.[13])

Com Borges o mesmo se dá, quase sem tirar nem pôr. Nele, dada a natureza de sua ficção e a abundância das entrevistas em que expôs seu pensamento — já pensou o que valeria hoje, para a compreensão da

12 *Textos críticos*, p. 195 e seguintes e p. 213.
13 A propósito deste tema, ver neste livro o ensaio "A invenção de distâncias — Traços estruturais dos contos de Machado de Assis", particularmente no que se refere à "actividade interpretativa", noção de Abel Baptista que parece útil ao caso.

obra, uma hora de entrevista franca com Machado de Assis? —, talvez seja mais fácil dizer que se trata de distanciamento irônico, o que realmente é: lemos seus contos, mais que seus poemas, e vemos ali essa máquina de pensar, esse monstro de lucidez (mas por que "monstro"? Augusto Meyer preferiria que Machado fizesse ficção com aquela ingenuidade perdida?), sempre atuando por trás ou para além do enredo e dos personagens. Uma das melhores comentadoras de Borges, Beatriz Sarlo, assim desenha o problema: "La máquina literaria borgeana ficcionaliza estas cuestiones [refere-se aos traços metanarrativos de Borges, sua prática da intertextualidade, sua argüição dos limites da ilusão referencial e da relação entre conhecimento e linguagem – LAF], y produce una *puesta en forma* de problemas teóricos y filosóficos, sin que en los movimientos del relato se pierdan jamás del todo el brillo de la distancia irónica o la prudencia antiautoritaria del agnosticismo"[14].

Aliás, esta questão do agnosticismo não é pouca, nem para Borges, nem para Machado. Sem ir muito longe: Borges tinha pai ateu, o que já é meio caminho andado na direção dessa liberdade e dessa "prudência antiautoritária", e Machado, que foi batizado e teve

14 Borges, un escritor en las orillas, pp. 16-7.

parte de sua formação relacionada com padres cultos do Rio de Janeiro em seu tempo, parece ter-se emancipado da visão religiosa na altura dos vinte anos — Raymundo Magalhães Jr., seu mais prolífico biógrafo, enfatiza o papel que nesse processo desempenhou o francês Charles Ribeyrolles, republicano, homem de esquerda liberal naquele contexto, amigo do grande Victor Hugo, que vem ao Brasil em 1858 por um arranjo do fotógrafo Victor Frond, para trabalhar na elaboração de um livro sobre o Brasil, com uma equipe de que fez parte Machado, jovem de nem vinte anos. O jovem brasileiro, que era chamado pelo ilustre francês, conforme testemunhos, de "mon cher Machadô", terá aprendido ou aprofundado com ele a visada liberal (Machado mantendo simpatia pela monarquia, no entanto) e a leitura de autores anticlericais como Pascal e Voltaire, que de fato estão entre as preferências do escritor brasileiro.

Talvez pela soma disso tudo é que nenhum dos dois foi um praticante do realismo ingênuo. Borges viveu uma maré vazante nessa matéria: a geração dele, como a geração modernista brasileira, cultivou o gosto por argüir o realismo como atitude narrativa, especialmente nos anos vanguardistas de 1920 (já nos 1930, depois que a crise de 29 deu as caras, o mesmo realismo recobrou fôlego, vindo dar ao mundo acertos literários em forma de depoimentos veristas em várias partes do Ocidente, exemplarmente no Brasil, nos Estados Unidos e na Itália.) Machado, bem ao contrário, havia vivido a subida da maré realista bem quando ele próprio amadurecia, nos anos 1870 e 80; mas ele discutiu o realismo, viu que tinha problemas que não o interessavam e foi adiante, em busca de seu caminho.

Mas algum realismo eles praticam, por outro lado. Certo, em Borges não temos vida cotidiana registrada (coisa típica dos "enchimentos" do romance, que ele abominava), nem o desenho de conflitos sociais, de opressão de classe, etc., itens estes que sim aparecem em Machado, mesmo quando não ocupam o centro de interesse direto do texto[15]. Especulação: para além de mero temperamento, talvez a natureza da vida social em Buenos Aires e no Rio seja razão dessa diferença: pode ser que a Buenos Aires bastante nítida ao observador da sociedade — havia a elite *criolla*, fazendeira, uma extensa classe média funcional e de serviços, mais os operários, muitos deles imigrantes recentes, tudo claro e enxergável, especialmente para um in-

15 Sem especificar nada aqui, remeto o leitor aos comentários elucidadores de Roberto Schwarz, que matou a charada da leitura da sociedade por Machado, demonstrando que ali onde parecia haver apenas comentário elegante ou alusão erudita há também, na alma do texto, toda uma interpretação da sociedade brasileira, por exemplo no diagnóstico da ambigüidade ontológica da elite escravista.

divíduo de família enraizada na história local — seja tão transparente que não constitua motivo de reflexão para Borges. Ao contrário, pode ser que o Rio de Janeiro opaco em matéria de classes e relações sociais — ex-escravos que se tornaram párias, ex-escravos que encontraram lugar como operários ou até ascendem à classe média confortável, escassa classe média funcional, elite escravista que gostava de ser vista como educada e burguesa em termos europeus, uma decaída nobreza da terra, o favor pessoal mediando grande parte dos negócios do Estado, etc. — tenha constituído um enigma instigante para o jovem (e pobre em ascensão) Machado, tal que ele tenha gasto algumas boas energias na decifração do problema.

O que mais há, nos dois, parece ser um certo tino realista, que os levou a registrar cenas, individuos, momentos reconhecíveis na vida real, tino que porém se mescla com elementos de reflexão filosófica ou de comentário culto elegante, de todo modo afastado do registro miúdo da vida diária. Terá isso algo com a afinidade de ambos com a literatura de língua inglesa? Pode ser. Pode também ser que tal se explique por uma via distinta, em analogia com a situação de Kafka. George Steiner, em *Nenhuma paixão desperdiçada,* diz que Kafka, como os judeus em geral, tem certa "tendência iconoclasta" e "falta de confiança (...)

na *mimesis*", porque operava nele "a desconfiança de toda a semântica da representação que tivesse por objetivo a experiência estética pela via da ficção"[16]. Daí, digo eu, que Kafka escreve ficção não raras vezes simulando a voz do ensaio, o qual é uma modalidade de texto mais afeita a quem desconfia do realismo. Ora, Machado de Assis, não sendo tão obsessivo ou sistemático como Kafka, e Borges, sendo-o um pouco mais que Machado, como se vê pela freqüentação reiterada de algumas imagens (labirintos, espelhos), e nenhum deles sendo judeu (ao menos na ascendência próxima), estão ambos nessa mesma situação, por razões diversas: desconfiam da *mimesis* porque confiam mais naquela "razão narrativa", naquela inteligência raciocinante de feição clássica, naquela distância irônica informada de agnosticismo.

Os exemplos seriam abundantes. Fiquemos com um de Machado e outro de Borges. Nas *Memórias póstumas*, longo processo de descarnamento do realismo, Brás Cubas, o autor, discute as ilusões realistas em várias oportunidades, como no famoso capítulo "O senão do livro", o LXXI, ou no seguinte a ele, "O bibliômano", em que submete o processo de narrar suas memórias a uma torção que nega a serenidade da dis-

16 P. 244.

tância entre tempo do narrador e tempo do narrado, fundamento primeiro da possibilidade de relatar memórias (mesmo o autor estando morto...), mediante a apresentação da dúvida sobre manter ou não parte do texto que o leitor acabou de ler, dúvida descabida desde sempre, porque o leitor não pode duvidar de que acabou de ler o que leu, e pode mesmo retornar à página anterior para desmentir o giro retórico do narrador. Sobre Borges, sirvamo-nos de outro preciso comentário de Beatriz Sarlo, quando comenta "Funes, el memorioso", o sensacional conto filosófico sobre o triste destino de Irineo Funes: o pobre peão memorioso guardava tudo, no rigor do termo, tudo mesmo, na lembrança, e por isso, diz o narrador, não podia pensar, porque pensar implica generalizar, coisa impossível para Funes, abarrotado de particularidades, e ao conceber sua história Borges teria feito uma alegoria negativa do realismo, realismo que "se apoya en la ilusión de que la representación directa (el intercambio de objetos por palabras) es posible". Assim, "Funes es una imagem hiperbólica de los devastadores efectos del realismo absoluto"[17].

Ou será que o que estou querendo nomear não é outra coisa que a sobrevivência, neles dois, em suas

17 Op. cit., pp. 75-6.

obras, de certo distanciamento de origem épica, quer dizer, daquela lei consuetudinária que obriga a vislumbrar a matéria da experiência a ser relatada em sua completude e portanto à distância, matizado pelo temperamento comentador que os dois trazem desde a juventude, quer dizer, pelo ímpeto do moralista, do ajuizador, do homem que pensa sobre si e seu mundo — em suma, a verve do narrador ancestral temperada pelo tino do ironista clássico —, não será?

SETE — ESCRITORES EUROPEUS

Machado de Assis escreveu em português, Jorge Luis Borges em espanhol; mas nenhum dos dois deixou de freqüentar outras línguas e outras literaturas. Para o brasileiro, em sua época, a regra era ler os portugueses, de quem o processo histórico da Independência, na geração anterior a Machado, mandou buscar afastamento, ao lado dos franceses, principalmente; para além disso, havia o mundo latino, que em parte acolhia a tradição grega, e depois ainda, com muito maior distância, havia os mundos da língua alemã, de língua espanhola, de língua inglesa, e era isso. Em parte, como se sabe, Machado fugiu a essa regra; não é que não tenha freqüentado os portugueses e franceses, ou os latinos: leu-os bem, e a alguns franceses chegou a traduzir (como aprendeu o francês é ainda hoje objeto de controvérsia, já que não teve escola regular por muito tempo; mas é certo que aos vinte anos já dominava bem o idioma, a ponto de haver trabalhado como tradutor ao português no citado projeto dos franceses Victor Frond e Charles Ribeyrolles de escrever um livro-álbum sobre o Brasil). O caso é que, além de haver lido mais que essa matriz, teve a sorte de encontrar uma parceira, sua esposa Carolina, que lia em inglês e, ao que indicam as biografias, ajudou muito seu marido no mergulho em Shakespeare, em Poe, em Sterne mesmo, este que tanto papel teria em sua carreira como modelo das *Memórias póstumas de Brás Cubas*. Segundo depoimentos, já tinha passado dos 50 quanto começou a aprender alemão; e são conhecidos rascunhos dele, também da maturidade, quando penetrava nos mistérios da escrita do grego clássico. Como terá feito todo esse percurso, vindo tão de baixo e sem estudos regulares? E que inteligência potencial terá tido, capaz dessas conquistas raríssimas para quem não tem a cultura letrada entre as coisas familiares?

Borges, escritor da muito mais cosmopolita língua espanhola, teve o inglês como segunda língua familiar; nela conversava com sua avó materna, nessa mesma língua de que a mãe e o pai traduziam ao espanhol.

(Que diferença.) Dominava, portanto, duas línguas de grande cultura letrada quando foi para a Europa, para aqueles longos anos de estudos; lá aprendeu o francês, língua de trato diário e de leituras cultas, e o alemão, em que chegou a ler pelo menos um livro inteiro, segundo seu relato, além do latim, que também estudou bastante. Leu alguma coisa em português também, Camões, depois Euclides da Cunha, segundo declarou várias vezes. Mas é certo que o inglês foi para ele muito marcante, certamente mais que o francês, nisso se aproximando do Machado maduro. Seria um anglófilo, então? Uma passagem de entrevista responde exemplamente a questão. Perguntado, em entrevista concedida à revista *Veja* em 1980, sobre como respondia à crítica de escritores argentinos de que não tinha nada nem de argentino, nem de latino-americano — consideremos a época da pergunta, quando esse tema ainda empolgava o pensamento da região, fruto da mesma raiz que havia gerado o pensamento cepalino de Raul Prebisch e Celso Furtado, mas também de Fernando Henrique Cardodos, assim como havia gerado o clássico setentista *As veias abertas da América Latina*, do uruguaio Eduardo Galeano —, disse Borges: "Todos eles — como eu — são europeus: e isto é muito bom. Nós somos os únicos escritores europeus da Terra. Na Europa, eles são franceses, italianos, finlandeses, alemães, ingleses, mas nunca se reconhecem como europeus. Nós, pelo contrário, com nossa multidão de fantasmas, somos os únicos que podemos pensar na Europa como uma unidade, somos os únicos escritores genuinamente europeus"[18].

É um jogo de palavras, naturalmente, mas não é apenas isso, porque faz muito sentido. Para Borges talvez absolutamente, já que não encontrará antepassados não-europeus entre seus ascendentes, ao passo que para Machado apenas relativamente, no sentido étnico, já que era notável (e um problema de difícil abordagem para ele) que parte de sua origem estava na África, em algum ponto do passado. Mas mesmo para Machado tal europeísmo tinha valor talvez absoluto, culturalmente; nem ele alimentava ilusões de mescla cultural com as culturas de tradição apenas oral, como se pode ler em alguns momentos de sua obra crítica, como naquele "Notícia da atual literatura brasileira — Instinto de nacionalidade", texto de 1873 em que, comentando a presença do tema indianista na literatura, ele anota: "É certo que a civilização brasileira não está ligada ao elemento indiano, nem dele recebeu influxo algum"[19]. Se dizia isso dos índios,

18 A entrevista está reproduzida em Borges no Brasil, p. 499 e seguintes.
19 Aguilar, vol. III, p. 802.

o que diria, se tivesse dito, sobre o elemento africano e sua influência na dita civilização brasileira? Creio que diria o mesmo, porque até no caso escancarado da canção popular urbana (o samba), que adiante examinaremos, caso em que não se pode negar larga presença de elementos afrobrasileiros, Machado foi reticente em reconhecer valor — no conto "Um homem célebre" este tema é o centro das atenções, mas ao final da trajetória do pianista Pestana ficamos em dúvida sobre a posição do narrador (e mais ainda de Machado ele mesmo) acerca do dilema do personagem: "o primeiro lugar na aldeia não contentava a este César, que continuava a preferir-lhe, não o segundo, mas o centésimo em Roma".

OITO — BRASIL, RIO DE JANEIRO — ARGENTINA, BUENOS AIRES

Viveram os dois escritores em épocas muito distintas, que a seguir examinaremos de perto, e em países muito diferentes, apesar de próximos geograficamente e por isso mesmo submetidos a processos históricos análogos, que vamos pensar agora. Primeiro de tudo, o Brasil foi colônia portuguesa, com tudo que isso implica em matéria de limites da colonização (a começar, para o nosso caso, pela total restrição imposta pelos portugueses à circulação de inteligência letrada em sua colônia), ao passo que a Argentina é um feito do império espanhol (nesse particular muito mais generoso com aquela circulação, como o atesta, para não ir longe, a criação de universidades já no século 16). Na ponta oposta da vida, quer dizer, na dureza da condição social mais essencial e não no plano da liberdade mental, é só contrastar a permanência da escravidão como instituto legal até 1888, no Brasil, onde ela sempre esteve na estrutura fundamental da atividade econômica desde o açúcar, passando pela mineração e pelo café, e de outro lado a supressão da escravidão já nos anos 1850, na Argentina, onde de resto ela não teve papel decisivo em momento algum da história econômica.

Um estudo recente de grande interesse para a comparação, que alinhas os dados acima e inúmeros outros, é *Brasil e Argentina — Um ensaio de história comparada (1850-2002)*, de Boris Fausto e Fernando J. Devoto. Nele vão sendo apresentados paralelos de toda natureza, tanto para diferenciar quanto para aproximar. No primeiro caso estão os grandes ciclos de prosperidade, estágios de maturação econômica que de alguma forma ensejam amadurecimento cultural, blocos históricos que permitem, pelo traço largo, enxergar tendências de ordem macro.

O Brasil alcançou um momento de grande empuxo econômico a partir da Independência, com o café produzido em esquema tradicional no país (latifúndio, mão de obra escrava, monocultura exportadora) em combinação com a estabilidade institucional da monarquia (consolidada na repressão às insurreições regionais dos anos 1830 e 40, madura no Segundo Império, com Pedro II no poder por quase 50 anos). Já a Argentina, com uma história política muito mais instável pela mesma época, tem um apogeu entre o final do século 19 e o período do pós-Primeira Guerra Mundial, em que vendeu carne, lã e trigo para a Europa e acolheu imigração espontânea num volume impressionante (na altura de 1914, metade da população de Buenos Aires é nascida em outro país). De 1930 em diante, a força principal estará com o Brasil.

Já por aqui temos uma indicação preciosa sobre os ambientes históricos de Machado, que nasceu em 1839 e portanto viveu aquele momento ascendente no país, e de Borges, que nasceu em 1899 naquela cidade próspera. De certo modo, cada um deles viveu o apogeu continental da história do período, o que, se não explica muito em termos de criatividade (ok, o gênio não tem causação direta, nem social, nem psicológica), não é pouco em matéria de experiência histórica (o gênio vive na história, coletiva e pessoal), porque tais ápices, a que sempre se seguem caídas, constituem oportunidades magníficas para um bom observador divisar a encenação, em tom agudo, de dramas e dilemas históricos que, em outros momentos, se desenvolvem lentamente, imperceptivelmente.

Não basta, porém, haver vivido cada um deles um ponto alto do processo de acumulação econômica, de desenvolvimento das forças produtivas. Será preciso, antes de mais nada, o talento da observação e o da expressão, claro; mas igualmente será preciso um elemento ao mesmo tempo central e vago, decisivo e impreciso, que pode decidir o destino do gênio — o leitor. A pergunta direta é: como era a condição dos leitores no Brasil de Machado e da Argentina de Borges?

Vejamos os números, que são eloquentes. Hélio de Seixas Guimarães, em seu sensacional estudo justamente sobre os leitores de Machado[20], pela primeira vez incorpora o debate sobre o tema de modo sistemático, tomando como referência básica o Censo de 1872, que é uma ducha de água fria para os escritores nacionais: tão somente 18,6% da população livre (e 15,7% da população total, incluindo os escravos, cerca de 10 milhões de almas) sabiam ler e escrever.

20 Os leitores de Machado — o romance machadiano e o público de literatura no século 19.

Sim, menos de 20%, menos de um quinto da população estava em condições de ler o que quer que fosse. Certamente no Rio de Janeiro, na Corte, a situação devia ser melhor, e podemos mesmo arbitrar que fosse o dobro, ali, o percentual de leitores; mesmo assim, é uma tristeza. Para comparar: em 1878, França e Inglaterra tinham, respectivamente, 70 e 77% de alfabetizados; em meados do século 19, não menos que 90% da população branca dos Estados Unidos sabia ler e escrever[21]. Machado não apenas percebe o tamanho do problema como, demonstra-o com detalhes o estudo de Hélio Guimarães, trata de incorporar o problema ao debate público, seja na forma de falar sobre as necessiadades de educar o povo, modo mais simples e direto, seja na forma sutil de trazer para dentro de sua ficção o problema, fazendo o narrador tourear o leitor, zombar dele, educar o escasso leitor, enfim, para os vôos raros que empreende.

O caso da Argentina de Borges é bem outro. Na altura de 1920, a taxa de analfabetismo argentino é de mais ou menos 30%, menos da metade da taxa brasileira no mesmo período. Em meados dos anos 1930, para uma taxa argentina nacional de uns 20% e

21 Op. cit., pp. 64-6. Para ajudar no raciocínio: a população do Rio de Janeiro (o município, incluindo subúrbios e zona rural, em 1872 era de quase 275 mil habitantes.

para uma taxa brasileira nacional de uns 55%[22], a taxa de analfabetismo na capital, Buenos Aires, era só de 6,64% — com o que, diz Beatriz Sarlo, "emergía un público de sectores medios y populares (...); para él se producen un elenco de colecciones de folletos, libres e revistas"[23]. Não é pouca diferença, vamos convir: uma coisa é escrever certamente para menos de um quinto da população, e outra é lidar com um potencial superior a noventa por cento.

Por esse e outros motivos, Boris Fausto e Fernando Devoto alinham outro contraste entre os países: o Brasil tem um Estado mais moderno, tomando a história como um *continuum*, na longa duração, ao passo que a Argentina tem a Sociedade mais madura. Tais são, mesmo, motivos de inveja, de parte a parte: nós nos maravilhamos com os leitores, as livrarias e cafés, as conversas, o teatro da terra vizinha, e eles, especialmente nas camadas superiores, invejam nossa destreza comparativamente maior em diplomacia, em comércio exterior, etc.

Outra diferença importante, que em parte é semelhança, no que se refere aos dois escritores. É que Rio e

22 Dados de Brasil e Argentina, p. 153.
23 Op. cit., p. 38. Para comparação: em 36, a população de Buenos Aires é de 2,415 milhões de habitantes, para uns 14 milhões no país todo.

Buenos Aires são, ao tempo de cada um deles, capitais federais, o que implica dizer que se trata de cidades cosmopolitas, portos internacionais por onde escoa parte substantiva da produção de cada país, cidades enfim em que circula a melhor informação e as mais fortes discussões do mundo, sem falar ainda de serem ambas palco de lutas sociais e políticas da mais forte inserção histórica, já por serem as capitais — para dizer em uma palavra, são cidades modernas. A diferença, que para o caso em tela não é decisiva (seria, para um debate sobre a formação das literaturas nacionais como um todo, lá e cá), é que Buenos Aires é muito mais concentracionista do que o Rio, tomadas as coisas em régua larga, abrangendo toda a história nacional de cada país. Mesmo durante o Império, com grande concentração de poder e tudo o mais no Rio, não se pode ignorar que o Brasil é mais descentrado; pensemos nem no Sul, em São Paulo, Minas, Bahia ou Pernambuco: pensemos no Norte profundo, com Belém e Manaus, mais São Luís e Fortaleza, cidades todas com vida cultural relevante, desde o tempo de Machado.

Mais uma, que não pode passar em branco, por vários motivos, entre os quais aquele que é o ponto de chegada do presente ensaio, como adiante se verá: é que os dois países ocupam uma posição parecida no contexto ocidental. São ambos periferia imediata dos centros hegemônicos do lado de cá do planeta na era moderna, quer dizer, depois da revolução industrial e política do século 18, esses sendo a Inglaterra, a França e os Estados Unidos. Não por acaso, serão figuras intelectuais de proa nos dois países os inventores e formuladores da CEPAL, a Comissão Econômica para a América Latina e o Caribe, órgão da ONU, criado em 1948, que se abriga no Chile e que foi o contexto de teses de grande papel político nos últimos 40 anos, por exemplo com o trabalho de Raúl Prebisch, argentino, e Celso Furtado, brasileiro. Essa distância paralela e igual entre o centro do mundo (econômico, mas também cultural) e a periferia (Argentina e Brasil) é conscientizada e pensada explicitamente por Machado e por Borges, cada um em seu tempo e conforme sua linguagem, constituindo esse processo um dos mais importantes pontos de articulação de toda a obra de cada um.

NOVE — MACHADO VÊ A ARGENTINA, BORGES VÊ O BRASIL

Pode-se avançar nesse paralelo histórico bastante, é claro; mas para nosso raciocínio vale mais retornar a Borges e a Machado. O caso é que os dois, mesmo que lateralmente, pensaram um sobre o país do outro. Machado escreveu um interessante texto de recordação, em 1888, relembrando episódio de vinte anos antes, 1868, quando conheceu no Rio o político, escritor, educador argentino Domingo Faustino Sarmiento. Após evocar as circunstâncias do encontro, lembra que o visitante estava a caminho de seu país, após haver sido eleito presidente, quando estava no exterior, como embaixador nos Estados Unidos. E diz, textualmente: "Com efeito, uma nação abafada pelo despotismo, sangrada pelas revoluções, na qual o poder não decorria mais que da força vencedora e da vontade pessoal, apresentava este espetáculo interessante: um general patriota, que alguns anos antes, após uma revolução e uma batalha decisiva, fora elevado ao poder e fundara a liberdade constitucional [Machado refere-se a Bartolomé Mitre – LAF], ia entregar tranqüilamente as rédeas do Estado, não a outro general triunfante, depois de nova revolução, mas a um simples legista, ausente da pátria, eleito livremente por seus concidadãos"[24].

Sarmiento — para ilustrar a nossa compreensão do que Machado expressava em matéria de esperanças civilizadas — duplicaria o número de escolas pú-

24 Aguilar, vol. III, p. 1014.

blicas e poria a funcionar em torno de cem bibliotecas públicas. (Algum paralelo com o Brasil? Talvez só com o governo positivista rio-grandense, com Júlio de Castilhos e Borges de Medeiros, e com o também gaúcho Leonel Brizola, em seu estado natal e no Rio de Janeiro, nos anos 1950 e 1980 respectivamente. Caudilhos de tipo platino, como diz a voz corrente? Estão mais para modernizadores autoritários, por certo.) Para entender o escasso número de analfabetos de Buenos Aires e da Argentina, é preciso lembrar Sarmiento, que é pivô de mais uma ação político-cultural que Machado também saúda em sua reminiscência: é que, quando retornou a seu país, viu ser fundado por amigos de Mitre um jornal, o mesmo *La Nación* do tempo de Machado e de até agora, 2008; para o escritor brasileiro, nada mais auspicioso que essa combinação de civilidade no trato político com interesse cultural pela via do jornal.

O ano do texto da evocação é 1888, e talvez Machado estivesse sentindo a força dos ventos republicanos no Brasil, pelos quais não tinha grande afeto, como se sabe, dada sua genuína (e grandemente explicável) admiração por D. Pedro II (ainda mais que Sarmiento havia visitado D. Pedro II, naquele 1868), e por isso seu texto tenha esse tom de saudar a civilidade da passagem do poder entre Mitre e Sarmiento, fato realmente raro na Argentina, não só no século 19, fato que no plano político contrasta vivamente com a realidade do Segundo Império brasileiro, que conheceu turbulência política em seu começo, por aquelas revoltas provinciais, e na Guerra do Paraguai, mas aí em bem outro sentido. De todo modo, Machado termina o comentário em tom positivo: "Oxalá caminhem sempre o Império e a República, de mão dadas, prósperos e amigos". Machado saudava a continuidade, a relativa tranqüilidade cidadã que via no Brasil, e com isso condenava a brutalidade, a truculência, a tomada à força do poder.

Borges, sobre o Brasil, tem uma visão menos estrutural, mais literária. São relativamente escassas suas referências ao Brasil em geral; ao Rio Grande do Sul se reportou algumas vezes, creio que especialmente para referir uma experiência dura que teve na fronteira, em Sant'Anna do Livramento, onde, nos anos 40, passou uns dias e teve a infelicidade pessoal (mas a felicidade literária, talvez) de ver morrer um homem, por golpe de faca. Em outros momentos, lembra ter lido Camões e ter ancestrais portugueses, tanto pelo lado Acevedo quando pelo lado Borges. Para além disso, diz ter lido Euclides da Cunha, com emoção[25], e no

25 Borges no Brasil, p. 276-7.

mais parece ter uma visão fantasiosa. Na biografia de María Esther Vásquez, consta que ele manteve na memória uma cena — que na minha opinião nunca ocorreu, e o leitor vai me dar razão, creio — da passagem pelo Rio de Janeiro em navio, a caminho da Europa, em 1914, quando teria ouvido um rapaz de sua idade (uns quinze anos), sentado na borda do cais, cantando "Minha terra tem palmeiras / onde canta o sabiá"[26]. Não chega a ser, convenhamos, uma interpretação de conjunto sobre o Brasil; mas permite alguma consideração sobre o que pensa ou o que sente a respeito, uma vez tomada em conta essa fantasia que mistura uma visão meio paradisíaca com uma menção literária, que não estiveram juntas na vida real e sim em sua compreensão.

Se em algo os dois parecem concordar é no temor ao que ocorre no Sul do Brasil e no da América, mais amplamente. Não foram poucas as vezes que Machado referiu com ironia, entre 1893 e 95, temores quando ao que ocorreu no estado, na chamada Revolução de 93, quando uma guerra civil não pequena foi o palco para resolver disputas que a política não tinha conseguido encaminhar. E não são poucas as alusões

26 Op. cit., p. 39. A mesma história ele repetiu outras vezes, por exemplo na entrevista a Roberto D'Ávila, em 1985, que está editada no mesmo livro Borges no Brasil, p. 523 em diante.

de Borges à truculência que ocorre no lado brasileiro do pampa. Tudo somado, a conclusão é linear e limpa: Machado e Borges são liberais esclarecidos, tanto na saudação à normalidade democrática e à estabilidade das relações políticas, quando na condenação ao caudilhismo (e â modernização autoritária, talvez).

QUINZE — MACHADO, FORMATIVO

Ao aproximar-se este ensaio de seu ponto de chegada, é hora de ver como cada um dos dois atuou intelectualmente antes dos 40 anos, preparando-se para chegar aos estágios maduros de sua obra. Na régua da história dos países, essas datas são 1879 para Machado, e 1939 para Borges: quer dizer, o ocaso da monarquia que vem com o ocaso da economia do café fluminense, escravista como se sabe, e o começo do fim da Era de Ouro da economia argentina, que se encerra na altura da Segunda Guerra. Em termos genéricos, Machado e Borges chegam à maturidade artística e intelectual quando seus países, centrados em suas cidades respectivas, Rio e Buenos Aires, começam a declinar de um período de apogeu econômico. Quer dizer: como ocorre com qualquer grande artista, Machado e Borges são produto da decadência, que só existe depois de um ponto alto, escusava dizer.

Dizendo de modo panorâmico: Machado precisou descobrir um jeito de se expressar na linguagem internacional com temas profundamente ligados ao local, tendo que se livrar do localismo e do exótico românticos; Borges precisou descobrir um jeito de falar do local, livrando-se do anódino universalismo parnasiano (nos termos hispano-americanos, "modernista"). Os dois trataram de entender, em artigos escritos antes dos 40 anos, o lugar cabível para si em ambientes culturais que se formavam, que ainda não tinham cara formada, nem estatuto de autonomia. Fizeram força ativamente para encontrar seu lugar nessa formação incompleta; e ao fazer isso ajudaram a explicitar as formações em que estavam inseridos: deram forma a essa formação incompleta em que atuaram. São, cada um, o ponto de chegada da formação da literatura de seu país, no sentido que tal expressão tem para Antonio Candido.

Formação: para Candido, o melhor comentarista de literatura no país ao longo da segunda metade do século 20, Machado representou o ponto de chegada da formação da literatura brasileira, formação que se enxerga, diz ele a partir de uma visada que mescla a leitura da literatura com o ângulo do sociólogo, na existência de autores, obra e público leitor em interação constante, formando uma tradição reconhecível[27]. Ora, Machado escreveu uma série de ensaios, especialmente nos anos 1870, que dão a ver não apenas sua leitura dos escritores brasileiros anteriores a ele, mas especialmente a formação de um *continuum*, de uma tradição local, que Machado trata de explicitar. Caso notável entre outros é o do famoso "Notícia da atual literatura brasileira — Instinto de nacionalidade", com que é possível resumir o ponto. Já no primeiro parágrafo, aparece um alinhamento de quatro gerações:

> "As tradições de Gonçalves Dias, Porto Alegre e Magalhães são assim continuadas pela geração já feita e pela que ainda agora madruga, como aqueles continuaram as de José Basílio da Gama e Santa Rita Durão. Escusado é dizer a vantagem deste universal acordo. Interrogando a vida brasileira e a natureza americana, prosadores e poetas irão dando fisionomia própria ao pensamento nacional. Esta outra independência não tem Sete de Setembro nem campo de Ipiranga; não se fará num dia, mas pausadamente, para sair mais

27 Formação da literatura brasileira — Momentos decisivos. Veja-se especialmente o prefácio da segunda edição, em que este tema é apresentado direta e cruamente.

> duradoura, não será obra de uma geração nem duas; muitas trabalharão para ela até perfazê-la de todo".

Em um parágrafo, três coelhos mortos: o desenho de uma sucessão já longa, em se tratando de país novo (o texto é de 1873); a evocação das tarefas possíveis para os poetas empenhados em definir a identidade própria desse novo país; e a crítica da ilusão da completude da formação nacional, que ainda não está completa porque responde ao ritmo mais sutil da produção simbólica, não ao ritmo mais explícito e imediatista da política. Depois, Machado diagnostica o fim da vigência do debate pautado pela busca da identidade nacional, quer dizer o fim do Romantismo, assinalando que o tema teve vigência importante mas serviu para muita mistificação também; e conclui que o caminho mais ajuizado — Machado já era um espírito clássico nesta altura — era o escritor apresentar "certo sentimento íntimo, que o torne homem de seu tempo e do seu país", mesmo freqüentando tema que nada tenha de local, nem de contemporâneo.

Já em 1879, em artigo muito mais explícito em matéria de abandono das ilusões românticas, "A nova geração", e já livre da tralha imposta pela obsessão nacionalista, Machado vai apontar a flamante característica da nova geração, dos moços que viriam a ocupar o centro da cena nas duas últimas décadas do século, entre os quais muitos perfeitamente esquecíveis: diz ele que a juventude letrada do momento parecia ter sido, por assim dizer, vítima da ciência, que teria "despovoado o céu desses rapazes"; daí, "parece que um dos caracteres da nova direção intelectual terá de ser um otimismo, não só tranqüilo, mas triunfante". Machado estava ironizando a fantasia de onipotência dos jovens, que alinhavam sem muita mediação literatura e luta política, sonetos e narrativas com republicanismo e abolicionismo, e que imaginavam que a redenção social viria junto com e por causa do Realismo (na narrativa, porque na poesia do tempo, aquele Parnasianismo nefelibata, nem sonho social havia), Realismo que Machado tinha como solução artisticamente menor, como já temos visto. De todo modo, importa reter o centro do diagnóstico, tomados os dois artigos em conjunto: era ou parecia ser o fim de toda uma era na literatura, aquela que inaugurou a modernidade ocidental em sentido estrito, aquela que impôs, entre outras coisas, o âmbito nacional nos temas (e também a noção do artista como um ser especialmente iluminado em sua individualidade, razão por que a arte passava a depender menos de cânones estáveis e mais dos humores de cada artista). Machado aponta o fim disso, total ou parcial, e não chega a se regozijar ou a se lamentar; talvez por uma intuição superior, constatou a mudança: era o fim do tema nacional tal como visto até então, e, possivelmente, o fim ou a transformação da concepção do próprio lugar do artista na ordem das coisas — antes era um desviante pessoal, e agora, no fim dos anos 70, passava a ser um paladino de causas sociais. Parece que Machado se colocava numa posição que via nessa substituição uma troca de uma ilusão por outra.

(Sim, o resumo acima é uma simplificação, mas não desprovida de certo senso, a meu juízo. Veja-se que um dos jovens de grande futuro, naquela era cuja aurora Machado vislumbrava, Olavo Bilac, vai dizer, no fim da vida, com grande orgulho, que sua geração teve pelo menos um grande mérito: acabar com o quadro terrível do artista pedindo esmola, do artista à porta do jornal implorando a publicação de seu poema. Era a profissionalização do artista, do escritor, o que se iniciava naquela quadra. Que o preço estético tenha sido justamente aquela forma congelante chamada Parnasianismo, nada a estranhar: para ser profissional o escritor tinha que agradar o público, quer dizer, as mesmas camadas semicultas que compõem as classes leitoras do mundo brasileiro, de então e de depois. Só que antes do rádio, da televisão e da internet, claro.)

O certo é que Machado percebeu diretamente sua posição em relação a pelo menos duas dimensões essenciais para seu futuro, para a redação de sua obra madura, para a descoberta do lugar do escritor na ordem das coisas, no Brasil e no mundo. Aos 34 anos, tendo publicado apenas dois livros de poesia, nada inventivos, dois livros de contos bastante convencionais e apenas um romance, fraco, ele no entanto parecia jogar todas as fichas no exercício racional da crítica; por isso vai dizer, discutindo a validade de tratar do tema do índio, o primitivo habitante do Brasil, que é certo não ter o Brasil nada a ver com ele; "mas se isto é verdade, não é menos certo que tudo é matéria de poesia"; depois, tomando a coisa pela outra ponta, a ponta estrangeira, vai dizer que discorda da opinião que "só reconhece espírito nacional nas obras que tratam de assunto local", acrescentando que, se fosse verdadeira essa doutrina, "limitaria muito os cabedais da nossa literatura". Nessa linha, vai evocar ninguém menos que Shakespeare, que tantos enredos localizou fora da Inglaterra, sem deixar de ser, diz Machado, "um poeta essencialmente inglês".

Usando uma linguagem direta, ao gosto das precisas interpretações de Roberto Schwarz: Machado, entendendo que estava na periferia do capitalismo, na periferia do Ocidente, rejeitou a obrigatoriedade do que, nos quadros do Romantismo, eram os temas da identidade nacional, e que, várias gerações depois, se chamariam de "o nacional-popular" — vida de índios, natureza, o povo simples, o folclore, etc. Sim, havia potencial de poesia aí; não, não era verdade que tudo estivesse aí em matéria de manancial poético. O criador, cá na periferia, deveria compenetrar-se dos temas locais, porque "uma literatura, sobretudo uma literatura nascente, deve principalmente alimentar-se dos assuntos que lhe oferece sua região"; mas não se deveria impor tal com exclusividade, porque isso seria um empobrecimento. E aqui reponta mais uma vez a idéia machadiana que está já no subtítulo, o tal "instinto de nacionalidade", fórmula tão forte quanto elíptica: "O que se deve exigir do escritor, antes de tudo, é certo sentimento íntimo, que o torne homem do seu tempo e do seu país, ainda quando trate de assuntos remotos no tempo e no espaço"[28].

28 Lê-se com proveito o ensaio de João Alexandre Barbosa sobre os artigos de Machado. O título é "Literatura e história: aspectos da crítica de Machado de Assis", em Machado de Assis — Uma revisão. Para uma leitura anti-candidiana honesta, que toma por centro uma leitura miúda do artigo de Machado, ver Abel Barros Baptista, A formação do nome – Duas interrogações sobre Machado de Assis. Campinas: Editora da UNICAMP, 2003.

DEZESSEIS — MACHADO E BORGES VISTOS EM PARCERIA

Não sou eu o primeiro a ver semelhanças entre Machado e Borges neste particular campo da formação da literatura em seu respectivo país, certamente. No Brasil, creio que é o próprio Candido quem primeiro levanta a lebre, em artigo de 1970, "Literatura e subdesenvolvimento"[29]. Após analisar o caso dos "modernistas" hispano-americanos, como Darío, ele observa: "Um estágio fundamental na superação da dependência é a capacidade de produzir obras de primeira ordem, influenciadas, não por modelos estrengeiros imediatos, mas por exemplos nacionais anteriores", com "o estabelecimento do que se poderia chamar um pouco mecanicamente de causalidade interna" — o que é dizer mais ou menos o mesmo que se diz com a idéia de "formação". Entretanto, mesmo poetas brasileiros maduros como Drummond ou João Cabral "não influíram fora do seu país"; sendo assim, "é possível dizer que Jorge Luis Borges representa o primeira caso de incontestável influência original". Ele, e não os brasileiros seus contemporâneos, como

29 Publicado em A educação pela noite e outros ensaios, p. 140 e ss. As citações seguintes vêm da p. 153.

Drummond; ele, e não Machado de Assis, lembrado em seqüência, ao lado de Borges, nos seguintes termos: "Machado de Assis, cuja originalidade não é menor sob este aspecto, e muito maior como visão do homem, poderia ter aberto rumos novos no fim do século XIX para os países-fontes. Mas perdeu-se na areia de uma língua desconhecida, num país então completamente sem importância".

Esse advérbio, "completamente", paga certo tributo ao cenário em que o ensaio é escrito, imagino eu, porque não é certo que o Brasil fosse realmente sem qualquer importância: quando menos, era um grande fornecedor de açúcar para o Ocidente e um razoável consumidor de determinados produtos europeus; anacrônico em sua manutenção da escravidão, que já se tornara claramente irracional desde o ângulo do capitalismo, certo, mas nem por isso fora da história ocidental. Também "de época" é o raciocínio cepalino da "dependência", que sugere um horizonte utópico de independência, que em 2008 podemos constatar que não se cumpriu, para o bem (não ficamos retidos na burrice limitante da ditadura militar) e para o mal (a linguagem hegemônica é, mais do que antes, a da indústria cultural norte-americana, que incorpora itens do universo brasileiro mas quase só ao preço de haver extraído qualquer dissonância crítica possível).

Mesmo assim, aí estão Borges e Machado alinhados, num raciocínio que está levando em conta a idéia formativa: os dois, sugere-nos nas entrelinhas o ensaio, explicitam a causalidade interna e mesmo transitam na direção de servir de modelo externamente.

Antes de Candido, Augusto Meyer havia se aproximado dessa familiaridade entre o brasileiro e o argentino. Por exemplo: num comentário sobre Borges, Meyer (nascido em 1902, da mesmíssima geração) chega a diagnosticar seu "*humour*", marca que o mesmo crítico sabia existir em Machado. Mas realmente ficou para cá da compreensão em paralelo dos dois, por vários motivos, que não vêm ao caso esmiuçar aqui. Baste apenas relembrar que Meyer, que também lida, como Borges, com a poesia gauchesca, mantém uma visão largamente fantasiosa, que preserva uma idéia digamos principista, aquela tese de que realmente a literatura gauchesca provém da espontânea literatura oral dos gaúchos iletrados, tradição que Borges vai rechaçar com todas as letras, como veremos a seguir.

Em 1984, outro ensaio viria a especificar bem mais as aproximações entre Borges e Machado enquanto pensadores. Trata-de se David Arrigucci Jr., em "Da fama e da infâmia — Borges no contexo literário latino-americano"[30]. (Borges rejeitaria este adjetivo, "latino-americano", lisamente, como sabemos por inúmeras declarações: é outra daquelas categorias que o tempo vai deixando para trás, como marcas de uma época, a época em que se acreditou em algo como uma "literatura latino-americana" como uma unidade possível, alinhand, no sonho de então, a denúncia das ditaduras militares que enchiam o nosso saco, enquanto faziam o serviço de modernizar as coisas para melhor inserção internacional subordinada aos interesses norte-americanos, com a expressão de desejo da conquista da liberdade, tão ansiada.) Arrigucci vai diretamente apreciar Borges como um sujeito que se colocou a tarefa de pensar a tradição literária a que pertencia, e isso no contexto de um ensaio que quer livrar a cara de Borges, um notório reacionário político do ângulo da esquerda na época, que Arrigucci tenta mostrar que é ótimo escritor, para muito além do reacionarismo.

Para isso, coloca-o em linha com Machado de Assis, diretamente. Depois de argumentar, com razão, que o Borges famoso da última parte da vida fazia praça de ser universalista, enquanto o Borges jovem havia sido um fervoroso cultor das coisas locais portenhas e em

30 Publicado em Enigma e comentário, p. 193 ss.

certa medida argentinas, Arrigucci lembra que outro escritor das redondezas havia já se colocado o problema de entender as relações entre a circunstância histórica, os temas e as tarefas e possibilidades dos escritores: Machado de Assis. Para explicar o parentesco, lembra o mesmo Candido, particularmente no processo de "adaptação da forma importada do romance entre nós". (Também essa idéia de "forma importada" hoje, 2008, começa a parecer velharia: como não seria "importada", se era uma forma que já existia antes de o Brasil existir? Por outro lado, que força tem essa idéia, com cara de denúncia, de que se trata de forma *importada* querendo dizer algo não chancelado com o selo da autenticidade nacional? Que o romance foi submetido a invenções e reinvenções conforme se alastrou pelo mundo — alastramento que coincidiu com o progresso da economia de mercado ocidental, vulgo capitalismo —, é certo, e nessas torções ele se realimentou e revigorou, exatamente como o capitalismo, por sinal, engolindo distâncias, subordinando formas e economias locais, destruindo e construindo (na periferia do mundo mais aquilo do que isso), e deu campo para um Machado, como têm demonstrado os estudos de Franco Moretti[31]; mas que isso seja

31 Em vários de seus livros, como Atlas do romance europeu (São

coisa a objetar com o sinal negativo de "estrangeiro" como um problema específico, sugerindo, na entrelinha, que há ou haveria outras formas cabíveis em lugar do romance, é coisa romântica/modernista, de todo modo nacionalista, que mais atrapalha do que ajuda a entender o fenômeno, salvo quando mantiver a visada dialética entre o local e o não-local, para mapear, compreender e interpretar as tensões que o processo histórico impõe a todo momento a todas as formas.) Arrigucci encerra o rápido parelelo estimando que haveria muito a estudar nessa aproximação, descontadas todas as diferenças e somadas as convergência, essas particularmente ligadas ao processo de formação de sistema literário em cada país.

Este ensaio de Arrigucci foi mencionado pelo menos em um outro texto de interesse, um comentário de Roberto Schwarz, escrito para publicação na França, o que deve explicar, em parte, a lembrança de Borges, famoso no país e na língua em que se publicava o ensaio, ao lado de Machado, que era o tema da reflexão[32]. Schwarz lembra a consciência notável de Machado, naquele artigo conhecido como "Instinto de nacionalidade", e aponta haver igualmente em Borges

Paulo: Boitempo, 2003), ou A literatura vista de longe (Porto Alegre: Arquipélago, 2008), assim como em ensaios.
32 "A nota específica", em Seqüências brasileiras, p. 151ss.

uma aguda percepção sobre os limites do nacionalismo para o escritor que queira criar obra relevante; o texto borgiano citado é "O escritor argentino e a tradição". Mas é só, no particular dessa vizinhança.

O mesmo Schwarz será ele mesmo, em seus ensaios, colocado ao lado de Machado e de Borges, numa reflexão sistemática de profundidade, no livro *Crítica cultural — Teoria e prática*, de Marcelo Coelho. Este trabalho, que se propõe apresentar as grandes linhas de força do debate cultural e (mas) se concentra apenas no século 20 (expressando nessa seleção um ponto de vista paulistocêntrico, modernistocêntrico), reserva todo um capítulo, intitulado "Nacionalistas e cosmopolitas" para aquele encontro. Depois de alinhar Ferreira Gullar e João Cabral para abrir o trabalho, evoca Borges e Machado, nessa ordem, como defensores de uma perspectiva internacionalista, liberada dos constrangimentos temáticos e mentais do nacionalismo de cada época; a seguir, entra Schwarz no raciocínio, com a mesma propriedade, neste caso para Coelho acrescentar a visão sociológica ao raciocínio, a partir de alguns artigos schwarzianos de grande interesse, como "Nacional por subtração", em que o tema da identidade nacional vem atravessado pela crítica das posições de classe, que embora sempre presentes nem sempre são lembradas.

Ultimamente, foi reunido em livro um artigo de feitura anterior, de Leyla Perrone-Moisés, intitulado, explicitamente, “Machado de Assis e Borges: nacionalismo e cor local”[33]. Ali se evoca o primeiro estudioso a esboçar a aproximação (não o primeiro, digo eu, se levarmos em conta aquele artigo de Candido acima citado, de 1970), Emir Rodriguez Monegal, que em 1972 apontava as *Memórias póstumas* como precursoras do novo romance latino-americano, Borges contista incluído. O interesse do texto de Leyla Moisés, porém, se concentra nos mesmos textos críticos dos dois escritores, os dois textos lembrados por Schwarz, acima mencionado. A conclusão do raicocínio vai na direção de mostrar, de um lado, que “fica evidente o universalismo europeísta de ambos”, o que pode ser tomado como correto, genericamente, salvo no tocante à combinação “universalismo europeísta”, que justapõe uma antiga categoria idealista a um adjetivo histórico-geográfico material, elidindo a imensa tensão entre as duas coisas; de outro, o ensaio conclui evocando o Joyce de *Finnegans wake* tal como comentado por Terry Eagleton, para quem o livro do irlandês solucionou formalmente tensões historicamente dadas (es-

33 O texto foi publicado antes, em 2000, mas o livro é de 2007: Vira e mexe, nacionalismo.

tes termos são meus, não do ensaio de Leyla Moisés) na forma de uma mistura geral entre "o imediato com o universal", para dizer, depois disso, que Machado e Borges também "encenaram ironicamente (...) o inextrincável paradoxo do nacionalismo"[34].

Inextrincável não é, penso eu, seguindo o exemplo daqueles que antes, e muitíssimo melhor, pensaram no tema, Machado e Borges; tanto assim que eles mapearam o problema, criticaram as soluções vigentes e formularam uma saída, que por ser dialética não deixa de ser uma decifração clara, limpa, extricada. Mas ainda não vimos direito como é que Borges pensou; agora veremos[35].

34 Op. cit., p. 96.

35 Há outras aproximações entre Borges e escritores brasileiros, interessantes mas irrelevantes para o caso; citem-se Vera Mascarenhas de Campos, autora de uma dissertação envolvida com a tradução de contos de tema gauchesco de Borges (e alguma vez mal traduzidos, como dar "pagos" em lugar de "barrios", ignorando a enorme e marcada distância entre o campo e a cidade, que Borges enfatizava tanto), na qual aproxima Borges e Guimarães Rosa (Borges & Guimarães. São Paulo: Perspectiva, 1988), ou o ensaio de Walnice Nogueira Galvão "Demiurgos: Borges e Clarice", que contém uma idéia interessante sobre a consciência criadora de cada um, mas que não vai muito adiante (publicado em Borges no Brasil, organizado por Jorge Schwartz). Não li os ensaios que aproximam Borges e Mário de Andrade, que apenas sei que existem, como o de Ronaldo Assunção, intitulado "Jorge Luis Borges e Mário de Andrade : poesia e imaginário urbano", tese defendida na USP em 2002.

DEZESSETE — BORGES, FORMATIVO

Borges foi formativo, mesmo sem usar o nome, a categoria, tal como a formulou Candido. Mas os princípios estão ali, nele, como prática de criação literária, em poemas e contos, e como consciência explícita, em ensaios e entrevistas. A dificuldade com ele, nesse particular, é mais a de selecionar algumas coisas, em detrimento de outras. O certo, porém, é que, como ocorreu antes com Machado, a consciência de que se tratava de um problema, este de ser nacional, quer dizer, ser argentino, floresceu em Borges bem antes dos 40 anos; depois dessa idade, em coincidência com o começo das traduções para línguas mais prestigiosas como o francês e o inglês, o começo de sua fama internacional e de seus périplos pelo mundo, ele voltaria ao tema, mas sem a força que se encontra nos momentos de descoberta, quando o esforço pela formulação para o preço da clareza, mas tem o viço das conquistas verdadeiras.

A busca de Borges pela cor local foi instruída pelo conhecimento de vanguardas européias, que ele viu ao vivo por lá, especialmente em Madri, nos anos de sua juventude. Pouco lhe interessou o localismo nacionalista ou folclórico; valia mais o que fosse autenticamente ligado à cidade (e secundariamente à abstração chamada Argentina), especialmente a cidade que se transformava. Foi o choque de perceber, naquele retorno, que sua cidade estava mudando muito intensamente (o alargamento de avenidas, a invasão dos automóveis e ônibus, a expansão geográfica, a avalanche de imigrantes europeus, a alteração dos costumes) que fez Borges cumprir a pé longos recorridos, nas noites e madrugadas, em busca de um certo jeito de ser dos subúrbios e das fachadas, de um certo modo antigo de praticar o tango (não o de Gardel, que ele achava afetado, sentimentalista, profissional, como vimos antes), até mesmo de um certo estilo de falar e pensar. É o período de seus primeiros livros, dedicados à poesia e aos ensaios. (Para dar uma idéia da dureza que foi esse processo: ele mesmo conta que sua *História da eternidade*, livro de ensaios publicado em 1936 — era seu *décimo* livro individual! —, vendeu, ao longo de todo um ano, tão-somente 37 exemplares.)

Em seu primeiro (e depois renegado) livro de ensaios, *Inquisiciones*, de 1925, há muita ingenuidade sobre o tema identitário. Um pouco como o jovem Machado dos vinte anos a respeito das coisas nacionais brasileiras (se bem que o brasileiro nunca embarcou totalmente na canoa romântica indianista), Borges celebra a poesia gauchesca acriticamente, até com certo ufanismo (e com texto frágil, cheio de neologismos que lembram outro escritor, seu contemporâneo, também empenhado no debate sobre o nacional e também com domínio ruim do vernáculo e da expressão, Mário de Andrade); é o que se vê no comentário sobre Ascasubi ("Su *Santos Vega* es la totalidad de la Pampa"[36], diz, numa generalização de que ele certamente se arrependeu). Quando porém fala da cidade de Buenos Aires, a coisa melhora bem, pelo tom lírico, afetuoso. No segundo (e igualmente renegado) livro de ensaios, *El tamaño de mi esperanza*, de 1926, será talvez mais enfático ainda no localismo ingênuo, a ponto de abrir os trabalhos com um texto que assim diz:

> A los criollos les quiero hablar: a los hombres que en esta tierrar se sienten vivir y morir, no a los que creen que el sol y la luna está en Europa. Tierra de desterrados natos es ésta, de nostalgiosos de lo lejano y lo ajeno: ellos son los gringos de veras, autorícelo o no su sangre, e con ellos no habla mi pluma.

A bronca era grande, mais ou menos como os modernistas brasileiros gritando contra os parnasianos e

36 P. 55.

arnuvoístas, reivindicando o local, muitas vezes bruto, contra o estrangeiro, muitas vezes ornamental. No mesmo livro, o artigo final se chama "Profesión de fe literaria", e é uma preciosidade para ver em ação este jovem arrabatado de localismo:

> Pienso que las palabras hay que conquistarlas, viéndolas, y que la aparente publicidad que el diccionario les regala es una falsía. Que nadie se anime a escribir suburbio sin haber caminoteado por sus veredas altas; sin haberlo deseado y padecido como a una novia; sin haber sentido sus tapias, sus campitos, sus lunas a la vuelta de un alamacén, como una generosidad...

Com o tempo e os anos, Borges foi perdendo essas fantasias, para concentrar-se em aspectos mais precisos de sua identidade com a cidade e com a cultura do país. A idéia de que na poesia gauchesca estivesse cifrado tudo foi sendo abandonada, e nos anos 50 ganharia uma formulação definitiva, que em seguida veremos; e a idéia do subúrbio como local em que não se perdeu a autenticidade foi sendo modulada, por exemplo no livro *Evaristo Carriego*, de 1930: nele, há um estudo sobre este poeta, da geração anterior a Borges (nasceu em 1883, morreu em 1912), que para ele foi uma revelação, por ter tematizado a cidade de modo mentalmente autônomo, não subordinado à moda europeizante. Mas não é neste livro que nosso escritor resolve adequadamente a equação entre o local e o não-local; vai ser nos anos posteriores aos primeiros livros de contos, quando Borges, premido pela necessidade de ganhar a vida fora do serviço público (em 1946 sobe ao poder Perón, populista com tendências autoritárias, figura especialmente desagradável para Borges, que rebaixa o então funcionário escritor a uma posição ridícula para sua já sabida importância, a biblioteca da Escola de Apicultura, o que leva Borges a demitir-se), começa a dar aulas e a proferir conferências: vai ser nelas que organizará racionalmente sua compreensão das coisas.

Para dar um exemplo alto, veja-se um texto de 1950, o prefácio que escreveu a uma edição das obras completas do mesmo Carriego. A passagem é belíssima: Borges tenta reproduzir o momento em que teria aflorado à consciência de Carriego a percepção que, no fim das contas, é a de Borges:

> Un día entre los días del año 1904 (...), Carriego leía con pesar y con avidez un libro de la gesta de Charles de Baatz, señor de Artangnan. (...) La vida estava en Francia, pensó, en el claro contacto de los aceros,

> o cuando los ejércitos del Emperador anegaban la tierra, pero a mí me ha tocado el siglo XX, el tardío siglo XX, y un mediocre arrabal sudamericano... En esa cavilación estava Carriego cuando algo sucedió. Un rasguido de laboriosa guitarra, la despareja hilera de casas bajas vistas por la ventana, Juan Muraña tocándose el chambergo para contestar a un saludo (...), la luna en el cuadrado del patio, un hombre viejo con gallo de riña, algo, cualquier cosa. Algo que no podemos recuperar, algo cuyo sentido sabemos pero no cuya forma, algo cotidiano y trivial y no percibido hasta entonces, que reveló a Carriego que el universo (que se da entero en cada instante, en cualquier lugar, y no sólo en las obras de Dumas) también estaba ahí, en el mero presente, en Palermo, en 1904.

Aqui tudo estava claro para Borges. Depois, cada vez que tocou no tema, foi sempre por esse ângulo de ver as tensões da juventude resolvidas, equacionadas. O caso mais notória talvez seja o já mencionado "El escritor argentino y la tradición", de 1956, quando o problema vai ser abordado de modo completo, já com distanciamento irônico. Por um desses mistérios que com o tempo se tornam facilmente explicáveis, Borges está debatendo contra a exigência de tema nacional que se fazia, especialmente em seus vinte anos, para os escritores do país. Naturalmente não era toda a crítica que assim procedia, nem eram todos os escritores que se sensiblizavam com tal demanda; mas se uma inteligência sutil como a de Borges se ocupou da matéria podemos ter certeza de que o tema andava nas bocas e nos corações. Mas é de perguntar por quê, na sofisticada Buenos Aires, uma sensibilidade superior como a de nosso ensaísta se ocuparia de tema aparentemente fenecido, tema que Machado parece ter ajudado a sepultar meio século antes.

A explicação do aparente mistério, ou, como Borges disse certa vez, do mistério parcial: o período das vanguardas, como visto antes, era também um momento que se ocupava do tema nacionalista. Talvez na Argentina tenha havido menos hiato não-nacionalista entre o apogeu do tema nacionalista por excelência na terra de Borges, o gauchismo, nos anos de 1870 (década da publicação do *Martín Fierro*), e o mesmo gauchismo nos anos de 1920, menos do que no Brasil, que conheceu, na cidade do Rio de Janeiro, toda uma geração de feição cosmopolita, por vezes mesmo antinacionalista, como foi o caso daquele grupo extremamente desigual contemporâneo da fundação da Academia Brasileira de Letras, com Machado de Assis, mais os parnasianos, alguns narradores de tema urbano, e ainda João do Rio e outros. Aqui, em língua portuguesa, o tema nacionalista retornou como um reprimido ancestral a partir de uma província, intelectualmente irrelevante então, São Paulo, na obra de gente como Oswald e Mário de Andrade ou escritores menores ainda, que nem merecem ser lembrados. (Gente mais avisada, como Manuel Bandeira, passou reto pela questão, talvez porque soubesse que se tratava de um tema já meio regressivo, naquela conjuntura.)

De maneira que se compreende perfeitamente o rechaço de Borges à imposição nacionalista. Rechaço irônico: "El culto argentino del color local es un reciente culto europeo que los nacionalistas deverían rechazar por foráneo". Ou agudamente crítico: "Los nacionalistas simulan venerar las capacidades de la mente argentina pero quieren limitar el ejercicio poético de esa mente a algunos pobres temas locales, como si los argentinos solo pudiéramos hablar de subúrbios y estancias y no del universo". Ou propositivo: "Creo que nuestra tradicion es toda la cultura ocidental, y creo también que tenemos derecho a esta tradición". Depois, considerando a posição inovadora, revolucionária dos judeus em relação à cultura ocidental, e a dos irlandeses em relação à cultura inglesa, posição que se deve justamente à condição complexa que combina pertencimento e estranhamento, diz, com sabedoria: "Creo que los argentinos, los sudamericanos en general, estamos en una situación análoga: podemos manejar todos los temas europeos, manejarlos sin supersticiones, con una irreverencia que puede tener, y ya tiene, consecuencias afortunadas".

Os comentários de Borges lembram, em mais de um sentido, os de Machado, a começar pela serenidade distanciada da avaliação, que no entanto se refere a matéria espinhosa no contexto; e uma serenidade superior, de feição clássica, quero dizer não-romântica e mesmo anti-romântica, que passa por sobre as limitações habituais do debate intelectual na periferia do sistema ocidental, limitações que nos fizeram e ainda fazem gastar energia em equações equivocadas. Um exemplo mais, ainda de Borges: nos mesmos anos 20, corria na Argentina — e no Brasil também, lamentavelmente aqui com muito mais futuro que lá — a fantasia primitivista, neo-romântica, que levava alguns a pensarem, na mesma linha dos Andrades paulistas, que o país era uma espécie de éden recém-descoberto, e portanto suscetível de proporcionar a sensação de estarmos como "en los primeros días de la creación", diz Borges; e comenta, sarcástico: "Essa opinión me parece infundada. Comprendo que muchos la acepten, porque esta declaración de nuestra soledad, de nuestra perdición, de nuestro carácter primitivo tiene, como el existencialismo, los encantos de lo patético. Muchas personas puedem aceptar esta opinión porque una vez aceptada se sentirán solas, desconsoladas y, de algún modo, interessantes".

Do ponto de vista do debate sobre o tema nacionalista, aí está a passagem formativa de Borges, que sai de uma posição fervorosa para outra distanciada, que reconhece valor em qualquer tema mas recusa a obrigatoriedade da cor local para a produção da literatura. Vistas as coisas desde um ângulo mais estritamente candidiano, falta dizer que para Borges os outros pés do sistema formativo, como a eixstência de leitores e de um circuito regular de produção e circulação de livros, estão suficientemente claros na vida real, de tal modo que não chegam a preocupá-lo: ao contrário da situação de Machado, que para Candido amadurece, faz amadurecer a formação brasileira em sua dimensão intelectual antes que a sociedade tenha completado sua formação moderna enquanto tal, com a extensão dos direitos burgueses a todos, incluindo nisso a alfabetização e a inserção na cultura mais exigente — bem, até 1888 ainda havia indivíduos a quem não se reconhecia sequer o direito elementar de dispor de sua vida, porque eram propriedades de outrem —, a situação de Borges na Argentina é a de quem sabe que existem leitores, que estão ali, ao alcance do jornal e do livro, quase como se vivesse numa sociedade central, européia, com educação primária generalizada, escolas razoáveis, bibliotecas, etc.

DEZOITO — INTERNALIZANDO A TENSÃO

Para Machado e para Borges, assim, era clara a consciência de que havia uma literatura em processo de formação e que se tratava de entender o que era melhor fazer acerca disso; nenhum dos dois aceitou a idéia de que era preciso permanecer exclusivamente nos temas locais para ajudar no processo, o que no entanto não significava que qualquer dos dois se sentisse obrigado a renunciar aos temas locais — tanto assim que Machado, depois dos 40 anos, inventivo que foi em todos os patamares da criação, nunca se furtou a comentar aspectos especificamente brasileiros, trazendo-os para dentro dos enredos e dos temas de sua ficção, para nem falar de sua crônica, em que eles eram diretamente abordados; da mesma forma, o Borges maduro escreveu muito sobre elementos argentinos, narrativa ficcional ou poesia envolvendo gaúchos ou compadritos portenhos, para nem falar de suas variadas conferências e entrevistas, em que regularmente, por solicitação ou por vontade própria, abordou tais questões.

Machado e Borges, para dizer de outro modo, sabiam estar imersos em processos que eram superiores a suas respectivas obras mas que as contariam entre os esforços relevantes para a maturação. Machado, como vimos já mais de uma vez nessa exposição em passagem inicial daquela "Notícia da atual literatura brasileira — Instinto de nacionalidade", percebeu com total clareza que, se a literatura do país ainda estava imatura, e estava, não adiantava apressar as coisas, querer que a formação se completasse por voluntarismo ou golpe de força — "Esta outra independência não tem Sete de Setembro nem campo de Ipiranga; não se fará num dia, mas pausadamente, para sair mais duradoura; não será obra de uma geração nem duas; muitas trabalharão para ela até perfazê-la de todo". O lado afirmativo, então, diz que a literatura brasileira se completará, em algum ponto do futuro, e essa certeza terá sido, quem sabe, o pano de fundo da atividade crítica do Machado maduro, que apreciava os livros que lhe pareciam dignos de tal na perspectiva desse processo; quer dizer, pode ser que precisasse ler coisas menores e mal acabadas, mas era certo que se tratava de esforço correto, em vista do caminho geral.

Borges foi, em um aspecto dessa mesma questão, mais radical ainda. Em seu período de vida a idéia de uma literatura nacional como construção reconhecível em si, como coisa autônoma, já não era a mesma do tempo de Machado; acresce que o Espanhol ensina a seus usuários, desde sempre, que não é apenas a antiga metrópole colonial que nele se expressa, mas que ao contrário um sem-número de escritores, de regiões e virtudes amplamente variadas, a utilizam, muito ao contrário do Português, que, do ponto de vista da cultura letrada, existe, substancialmente, apenas no Brasil e em Portugal, ao longo dos séculos, de forma que o escritor brasileiro, particularmente o do século 19, tinha boas razões para pensar em si e em seus conterrâneos como vivendo em uma ilha, cercada de outra língua por todos os lados. Por tudo isso, no Borges maduro não se vai encontrar consistentemente uma defesa da autonomia de algo chamável "literatura argentina", que para ele poderia até existir como fatalidade, porque praticada por gente nascida ou vivente em seu país, mas pouco mais que isso.

Mais ainda, o Borges da velhice relativizará totalmente essa idéia de construção nacional como algo relevante. Talvez o texto mais eloqüente sobre isso seja um pequeno artigo, "Sobre los clásicos", incluído nas edições de *Otras inquisiciones* depois de 1970. Ali, leremos uma declaração anti-eurocêntrica desconcertante para quem sabe do apreço do autor pelas literaturas do (para nós, ocidentais) Velho Continente. No texto, ele define o que é um clássico, mas não como talvez se esperasse: "Clásico es aquel libro que una nación o un grupo de naciones o el largo tiempo han decidido leer com si en sus páginas todo fuera deliberado, fatal, profundo como el cosmos y capaz de interpretaciones sin término". Não se trata de nada muito fixo ou estável, previsivelmente, considerada a variedade das nações e dos tempos; daí que, por exemplo, "para los alemanes y austríacos el *Fausto* es una obra genial; para otros, una de las famosas formas del tedio". Coragem, ironia desabrida, desassombro na relativização. Daí dizer: "Así, mi desconocimiento de las letras malayas o húngaras es total, pero estoy seguro de que si el tiempo me deparara la ocasión de su estudio, encontraría en ellas todos los alimentos que requiere el espíritu". A conclusão não podia ser outra:

> Clásico no es un livro (lo repito) que necesariamente posee tales o cuales méritos; es un libro que las generaciones de los hombres, urgidas por diversas razones, leen con previo fervor e con una misteriosa lealtad.[37]

37 Obra completa, vol. II, p. 150-1.

Estaria alguma de suas obras num caso assim, de ser lida com esse fervor e essa lealdade? Talvez até certo momento não, e tal adesão só se endereçasse ao *Martín Fierro* e pouca coisa mais, como na época de Machado talvez se dirigisse a alguns poemas e, digamos, à *Iracema*, de Alencar; hoje, porém, estão Machado e Borges nessa condição, sendo lidos com fé, mesmo que sem compreensão mais clara. E por quê? Bem, porque eles conseguiram fazer, em suas obras, para além da fixação de figuras e cenas características (ou vistas como tal), a estilização dos problemas que enfrentaram; problemas que diziam respeito a todos os patrícios e contemporâneos, e talvez até a mais gente do que isso, problemas que nem eram percebidos com problemas, mas que a agudeza de sua visada permitiu detectar, formular e resolver.

Vimos já vários casos exemplares desse processo todo, tanto na ficção quanto no trabalho crítico de cada um. Resta agora, como fecho, apenas reforçar a conclusão com outros casos, em especial casos que nos mostrem que Machado e Borges, mais do que simplesmente reportar, souberam internalizar na estrutura de sua obra, ficcional ou crítica, algo dos dilemas essenciais que souberam perceber e expressar, nomeadamente as tensões ligadas ao tema já bastante comentado até aqui da consciência sobre as condições, as obrigações, as limitações, as possibilidades do artista americano, vivendo na periferia dos países centrais mas querendo operar em patamares sofisticados, livres do provincianismo em que se refugiaram vários outros, como igualmente vacinados contra a mera adesão à moda européia de prestígio no momento.

De Machado, quase bastaria parar de dizer qualquer coisa aqui e remeter o leitor para a obra interpretativa de Roberto Schwarz, cuja força principal reside exatamente no diagnóstico dessa dialética entre, por exemplo, a prática do romance enquanto forma nascida na Europa, com certos compromissos e certo horizonte, e a aclimatação dessa prática levando em conta os compromissos e horizonte locais. Leia-se *Ao vencedor as batatas* e *Um mestre na periferia do capitalismo*, quando pela primeira vez, e a um custo intelectual que foi alto na época (anos 1970 e 80), se mostrou com clareza que Alencar havia mantido a estrutura do romance europeu, apenas aspergindo sobre ela uns detalhes locais, como o nome das ruas e das árvores, o resto sendo estritamente recheado de questões européias, e certamente não representativas da vida social e mental brasileira, mas que Machado, depois dele e vendo seu exemplo, passou dessa condição quase exatamente igual em sua primeira fase (mas com a diferença importante de haver, já aí, trazido para dentro do romance um dos traços da vida social brasileira que Alencar não vira, o favor, como mediação social consistentemente praticada, em particular entre os homens livres e a classe proprietária) para, na maturidade, alcançar a estilização de um traço até então invisível da classe dominante na forma da volubilidade do narrador, por assim dizer traduzindo ideologia em forma.

Em ponto pequeno, milimétrico, essa dialética machadiana é visível, me parece, no gosto das justaposições disparatadas, nos paralelismos surpreendentes, das aproximações por contraste. Sirvam de exemplo quase aleatório duas frases de um livro insuspeitamente conservador como *Iaiá Garcia*: "A lei dos contrastes tinha ligado estas duas criaturas, porque tão petulante e juvenil era a filha de Luís Garcia, como refletida e plácida era a filha do Sr.Antunes" (p. 427, Obra Completa da Aguilar, vol. 1), ou "Depositar nela suas idéias e enxaquecas" (p. 426, idem). Na obra madura, tal recurso se acentua, como sabe o leitor das *Memórias póstumas,* que não passa capítulo sem algo do estilo. Quantas vezes não depara o leitor com esses quase trocadilhos? Isso para nem falar de aspectos bem mais complexos como alguns enredos em que tal tensão aparece ao vivo, como no já citado conto "Um homem célebre", que tematiza a dialética entre pertencer à periferia ou ao centro, aquele conto do pianista Pestana, que, segundo o narrador, assim pensava: "o primeiro lugar na aldeia não contentava a este César, que continuava a preferir-lhe, não o segundo, mas o centésimo em Roma".

Borges teve mais tempo e mais clareza sobre o papel dessa tensão, tempo e clareza que dependeram talvez menos do talento individual que da marcha da história, que ao longo do século 20 encarregou-se de deixar clara a relação entre centro e periferia, talvez mais do que nunca na passagem de bastão entre a Inglaterra e os Estados Unidos, na altura da Segunda Guerra, assim como dependeram, e não pouco, da posição da Argentina em relação ao *momentum* da economia ocidental (vimos antes que foi nos primeiros 30 anos do século 20 que o país alcançou seu apogeu econômico, quando na vida social as relações eram mais modernas em toda a linha, incluindo desde uma classe dirigente operando no plano internacional com destreza para seus interesses até um movimento operário forte, atuante e efetivo no plano interno). Em suma: época que deixou mais explícitos os laços e as barreiras entre centro e periferia, época em que a Argentina era uma sociedade moderna madura, muito mais que a brasileira do mesmo período (e enormemente mais madura que a do tempo de Machado, por certo).

O certo é que Borges percebeu essa dinâmica, que é econômica e social mas aflora, em sua consciência, apenas no plano letrado, com argúcia ímpar, creio que considerada a totalidade do Ocidente de passado colonial[38]. Um exemplo é uma certa nota aposta ao texto de *Evaristo Carriego* — não consegui saber se se trata de nota já da primeira edição, em 1930, o que me parece improvável pela maturidade da posição crítica mas possível pela linguagem algo imatura, ou de edição revista, já nos anos 1950, quando o tema aparece mais claramente resolvido intelectualmente —, em que, a título de esclarecer certa passagem de seu

38 Não é hora para isso, mas fica a nota: uma leitura da tradição crítica brasileira por esse prisma revelaria, creio, essa superioridade de Borges relativamente a nós. Pensemos nos modernistas, com suas soluções pouco dialéticas, como a antropofagia em Oswald e a renegação encabulada do estrangeiro em Mário, ou na atitude mental das histórias da literatura brasileira concebidas pela mesma geração, como a de Ronald de Carvalho, semiparnasiana, ou o falta dessa tensão na obra crítica de Augusto Meyer, todos muito inteligentes, nem precisava dizer, mas nenhum capaz de síntese à Borges, em parte, talvez, pela obsessão nacionalista que no Brasil foi revigorada pelos modernistas de São Paulo, em seu projeto de tomar o poder simbólico de definir o que era o país contra as posições vigentes, todas elas estabelecidas entre nós no Rio de Janeiro. A geração seguinte foi adiante nesse debate, com a visão formativa de Candido (ainda discutindo a coisa pelo ângulo nacional, mas já não nacionalista), mas preservou parte importante da linha nacionalista por exemplo com Nelson Werneck Sodré.

comentário sobre a poesia de tema gauchesco, dirá: “Yo afirmo (...) que solamente los países nuevos tienen pasado; es decir, recuerdo autobiográfico de él; es decir, tienen historia viva”. A seguir, relembra seu avô, que ainda participou de batalhas decisivas da conquista do território aos índios; daí compara, em termos reacionários em relação à modernização econômica dos tempos e, mais ainda, em termos escandalosos para um europeu: “Yo no he sentido el liviano tiempo en Granada, a la sombra de torres cientos de veces más antiguas que las higueras, y sí en la Pampa y Triunvirato: insípido lugar de tejas anglizantes ahora, de hornos humosos de ladrillos hace tres años, de potreros caóticos hace cinco. El tiempo — emoción europea de hombres numerosos de días, y como su vindicación y corona — es de más imprudente circulación en estas repúblicas. Los jóvenes, a su pesar lo sientem. Aquí somos del mismo tiempo que el tiempo, somos hermanos de él”.

Parece um desaforo, pode ser uma vigança, certamente é uma estratégia de reversão: história, diz Borges (e repetirá a idéia muitas vezes, ao longo da vida), é memória viva, e não a mera existência de anos nas folhinhas antigas, não a mera matemática. Quem diz isso é, como se sabe, alguém que, especialmente depois dos 40 anos, vai freqüentar idiomas fenecidos, como o anglo-saxão, vai consultar enciclopédias vetustas, umas por sinal inexistentes, quer dizer, é alguém que tem grande apreço pela lenta acumulação da experiência, só possível com a sucessão dos anos, por exemplo aquela sucessão que está inscrita nos muros e nas torres de Granada. Como compreender então tal posição? Creio que como uma defesa agressiva, de baixa capacidade de ironia, do aspecto construtivo, diria mesmo, forçando a barra um pouco, do aspecto formativo, que Borges sabe que está vivendo em seu período de vida.

Essa defesa se combina, anos depois, com uma visada mais tranqüila, como mencionamos antes, amadurecida em forma de texto nos anos 1950, quando ele observa: "Creo que nuestra tradicion es toda la cultura ocidental, y creo también que tenemos derecho a esta tradición". Aqui tudo fica claro, inclusive negativamente: agora, na altura da redação dessa frase, 1956, perdeu força até mesmo a idéia de estar participando do processo de formação nacional no plano da literatura. Perdeu força porque se completou essa etapa interna da modernização? Pode ser que sim. Ou porque não há mais ilusão de autonomia, dada a evidência, pessoal (o sucesso internacional) mas também claramente coletiva (a Guerra Fria), de que o rumo do mundo é a integração, dos mercados e das letras? As duas dimensões, provavelmente, estavam disponíveis para ele e sua geração, na Argentina, ainda que não tenham sido abordadas como tais. (No Brasil, dois fenômenos paralelos no tempo e muito diversos na estética poderiam ser evocados, em comparação: nos mesmos anos 50, Guimarães Rosa faz aqueles monumentos, aquelas pirâmides de aspecto anacrônico, celebrando e também chorando o fim do mundo sertanejo anterior à Lei e ao Mercado, enquanto na progressista São Paulo da indústria automobilística e da USP os poetas concretistas se lançam em sua aventura neomodernista antitradicionalista e de vez em quando também anti-história, querendo aglutinar as linguagens e exportar arte; nos dois casos, tão desiguais e tão importantes, o local mais estável e o não-local mais elevado são abordados esteticamente, como um passo novo ainda formativo. Isso e mais Brasília, a Bossa Nova, o Cinema Novo, o teatro renovado e tanta coisa: o empuxo modernizante que entre nós se fez sentir era muito mais forte do que o experimentado na Argentina.)

Outro exemplo, final, pode ser encontrado com grande visibilidade no célebre artigo "Kafka y sus precursores", publicado em *Otras inqusiciones*, de 1952. Texto de meros cinco parágrafos, breve e certeiro, resume esse debate, essa tensão entre centro e periferia, entre passado e presente, por um outro viés. Depois de repassar algumas histórias e poemas realmente anteriores ao escritor tcheco nos quais, entretanto, se pode adivinhar algo de kafkiano, Borges conclui, singelamente, assim: "El hecho es que cada escritor *crea* a sus precursores. Su labor modifica nuestra concepción del pasado, como ha de modificar el futuro"[39]. Parece uma desfaçatez, uma malcriação com os velhos europeus nossos colonizadores, mas é uma ênfase de temperamento dialético: é no presente que se forma o ponto de vista — como enfatizariam tanto o campo da nova esquerda marxista, a partir dos que formularam os "estudos culturais" na Inglaterra, como Raymond Williams (seu *Cultura e sociedade — 1780-1950* foi lançado em 1958), quanto, pela mesma época, os franceses que deixam o marxismo em favor de certo idealismo, como Roland Barthes (seu *O grau zero da escritura* é de 1953). Claro que há variações importan-

39 Neste ponto de seu texto, Borges remete o leitor a T. S. Eliot, na coletânea Points of view, de 1941; não conheço essa edição, mas ela deve conter, se não o ensaio, ao menos a tese de seu famoso ensaio "A tradição e o talento individual", de 1919, em que algo parecido se diz: segundo Eliot, a emergência de um grande poeta reposiciona a tradição, modifica o modo como encaramos o passado, reorganiza (como se diria depois) o cânone. O fato de ser nascido e criado nos Estados Unidos terá tido algum papel nessa interpretação digamos borgiana da história? A um europeu de berço, educação e destino poderia ter ocorrido o mesmo insight?

tes entre tais figuras, mas não se pode apagar essa semelhança, que renega a ideologia burguesa do eterno progresso por diferentes lados.

DEZENOVE — FORMATIVOS E CLÁSSICOS

Talvez tenha sido desnecessário o capítulo anterior, digo agora machadianamente, borgianamente, porque na prática já havia sido defendida essa idéia de que Machado e Borges souberam internalizar, na criação literária assim como na percepção crítica, a tensão entre centro e periferia, entre presente e passado, entre o local e o não-local, entre o nacional e o estrangeiro. Não é que tenham feito desaparecer o problema: dispuseram-se ao combate com ele no terreno específico da inteligência e da criação, armaram sua equação para compreender o problema, experimentaram soluções. O jeito de lidar com Cervantes, antes visto (no capítulo 14), é exemplo suficiente.

Não é que outros artistas, intelectuais, escritores seus conterrâneos e contemporâneos não tenham intuído e/ou experimentado lidar com o problema; aí estão alguns grandes, como José Hernández e Domingo Sarmiento, ou José de Alencar (assim como Carlos Gomes e Chiquinha Gonzaga), na época de Machado, ou Mário de Andrade, Drummond, Guimarães Rosa (e

Radamés Gnattali talvez), talvez Cortázar e Bioy Casares (e Astor Piazzola), na época de Borges. O caso é que Machado e Borges entraram no mérito da questão e produziram obra complexa e de alto nível *a partir* de uma resolução adequada do enigma.

De resto, tantas diferenças. Jorge Luis Borges é um decaído aristocrata da terra, ao passo que Joaquim Maria Machado de Assis é um burguês ascendido. Talvez isso tenha sido definitivo na escolha de Machado em focar a vida dos cidadãos, os da classe média (no conto, como a Mariana do "Capítulo dos chapéus") e da elite (nos romances, como Brás Cubas e Bento Santiago), mais do que os de baixo (em ambos os casos, pouco, mas no nervo, como o Deolindo Venta-Grande e sua amada, em "Noite de almirante", ou a Dona Plácida das *Memórias póstumas*), e os flagrar em sua ação históricamente dada e situada socialmente, ainda que a tônica de sua narração combine de modo notável o relato que suspende a desconfiança do leitor e o comentário que requer essa crítica desconfiança; da mesma forma pode ser que a história pessoal de Borges o tenha conduzido para outro lado em sua ficção, em que se combinam a ironia erudita e indivíduos que são menos cidadãos mergulhados no tempo e no espaço do que tipos, não no sentido naturalista, mas no sentido psicocultural, se é que cabe o adjetivo:

Emma Zunz é mais a mulher que quer vingar o pai do que alguém com carteira de identidade; Irineo Funes é mais um esquema abstrato do que um peão entrevado numa cama; Carlos Argentino Daneri é mais a caricatura do poeta pretensioso e vão do que alguém que morou na casa da calle Garay onde Borges viu o Aleph (mas possivelmente o falso Aleph).

Clássicos e formativos, possivelmente formativos porque clássicos, como queríamos demonstrar.

BIBLIOGRAFIA MENCIONADA

ARRIGUCCI Jr, Davi. *Enigma e comentário*. São Paulo: Cia. das Letras, 1987.

BAPTISTA, Abel Barros. *A formação do nome – Duas interrogações sobre Machado de Assis*. Campinas: Editora da UNICAMP, 2003.

BIOY CASARES, Adolfo. *Borges*. Editado por Daniel Martino. Buenos Aires: Destino: 2006.

BORGES, Jorge Luis. *Obras completas*. Buenos Aires: EMECÉ, 1990.

_______. *Inquisiciones*. Madrid: Alianza, 2004.

_______. *El tamaño de mi esperanza*. Madrid: Alianza, 2004.

_______. *El idioma de los argentinos*. Buenos Aires: Seix Barral, 1997.

CANDIDO, Antonio. *Formação da literatura brasileira — Momentos decisivos*. São Paulo: EDUSP/ Belo Horizonte: Ed. Itatiaia, 1975, 5ª ed.

————. *A educação pela noite e outros ensaios*. São Paulo: Ática, 1987.

COELHO, Marcelo. *Teoria cultural: teoria e prática*. São Paulo: Publifolha, 2006.

GUIMARÃES, Hélio de Seixas. *Os leitores de Machado — o romance machadiano e o público de literatura no século 19*. São Paulo: Nankin Editorial/EDUSP, 2004.

FAUSTO, Boris e DEVOTO, Fernando J. *Brasil e Argentina — Um ensaio de história comparada (1850-2002)*. Trad. das partes em espanhol de Sérgio Molina. São Paulo: Editora 34, 2004.

MACHADO, Cacá. *O enigma do homem célebre — Ambição e vocação de Ernesto Nazareth*. São Paulo: Instituto Moreira Salles, 2007.

MACHADO DE ASSIS, Joaquim Maria. *Obra completa*. Rio de Janeiro: Nova Aguilar, 1992, 3 volumes.

____________________. *Obra completa*. Rio de Janeiro: Jackson, 1961, 31 volumes.

MAGALHÃES JR., Raimundo. *Vida e obra de Machado de Assis*. Rio de Janeiro: Civlização Brasileira; Brasília: INL, 1981, 4 volumes.

MASSA, Jean-Michel. *A juventude de Machado de Assis — 1839-1870: Ensaio de biografia intelectual*. Rio de Janeiro: Civilização Brasileira, 1971. Tradução do francês por Marco Aurélio de Moura Matos.

MEYER, Augusto. *Textos críticos*. São Paulo: Perspectiva/ Brasília: INL, 1986.

MIJOLLA, Alain de. *Pensamentos de Freud*. Trad. Rita Braga. Rio de Janeiro: Nova Fronteira, 1985.

MOISÉS, Leyla Perrone. *Vira e mexe, nacionalismo — Paradoxos do nacionalismo literário*. São Paulo: Cia. das Letras, 2997.

PEREIRA, Lúcia Miguel. *Machado de Assis — Estudo crítico e biográfico*. Rio de Janeiro: José Olympio, 1955, 5ª edição.

PEREIRA, Lúcia Serrano. *O conto machadiano: uma experiência de vertigem*. Porto Alegre: PPG Letras – UFRGS, 2008, tese de doutorado.

SARLO, Beatriz. *Borges, un escritor en las orillas*. Buenos Aires: Ariel, 1995.

SCHWARTZ, Jorge (org.) *Borges no Brasil*. São Paulo: Imprensa Oficial/Editora UNESP, 2001.
SCHWARZ, Roberto. *Sequências brasileiras*. São Paulo: Cia das Letras, 1999.
SECCHIN, Antônio Carlos, et alii. *Machado de Assis — Uma revisão*. Rio de Janeiro: In-Folio, 1998.
STORTINI, Carlos R. *Dicionário de Borges*. Trad. Vera Mourão. Rio de Janeiro: Bertrand Brasil, 1990.
VÁSQUEZ, María Esther. *Borges, esplendor y derrota*. Barcelona: Tusquets, 1996.
WISNIK, José Miguel. *Sem receita — Ensaios e canções*. São Paulo: Publifolha, 2004.

cadernos ultramares

1. O movimento modernista *Mário de Andrade*
2. As ideias fora do lugar *Roberto Schwarz*
3. Temporalidades *Gabriel Cohn*
4. O ressentimento no Brasil *Maria Rita Kehl*
5. A grande porta do medo *Rogério Duarte*
6. O entre-lugar do discurso latino-americano *Silviano Santiago*
7. A fratura brasileira do mundo *Paulo Arantes*
8. A Gaia Ciência — Literatura e música popular no Brasil *José Miguel Wisnik*
9. Breve história crítica do feminismo no Brasil *Carla Rodrigues*
10. A paixão de Clarice *Benedito Nunes*
11. Vampiros & coqueiros *Jorge Mautner*
12. O homem cordial *Sérgio Buarque de Holanda*
13. Pedaços *Luiz Rosemberg Filho*
14. Antropofagia Zumbi *Suely Rolnik*
15. Alegoria, modernidade, nacionalismo *Ismail Xavier*
16. O dois e seu múltiplo *Tânia Stolze Lima*
17. A roupa da Rachel *Heloísa Buarque de Hollanda*
18. Experimentar o experimental *Hélio Oiticica*
19. O futuro da ideia de autor *Francisco Bosco*
20. A estética do frio *Vitor Ramil*
21. No palácio de Moebius *Nuno Ramos*
22. Sobre a potência política do inumano *Vladimir Safatle*
23. O problema da filosofia no Brasil *Bento Prado Jr.*
24. Toda comunidade é fascista? Um elogio do nomadismo *Márcio Seligmann-Silva*
25. Revisão dos cem anos de canção brasileira *Luiz Tatit*
26. A produção tardia do teatro moderno no Brasil *Iná Camargo Costa*
27. O espetáculo da miscigenação *Lilia Moritz Schwarcz*
28. Textos tropicais *Antonio Risério*
29. Geração revoltada *Antônio de Alcântara Machado*

30. She don't lie *Tales Ab'Saber*
31. Retrato do Brasil — parte I *Paulo Prado*
32. Retrato do Brasil — parte II *Paulo Prado*
33. Discurso aos tupiniquins ou nambás *Mário Pedrosa*
34. Arte e tecnologia *Mário Schenberg*
35. Política urbana no Brasil *Raquel Rolnik*
36. Mística e antimística *Eduardo Guerreiro B. Losso*
37. Surrealismo no Brasil *Claudio Willer*
38. A inserção do negro e seus dilemas *Joel Rufino dos Santos*
39. Arte afro-brasileira: o que é afinal? *Kabengele Munanga*
40. "Cultura" e cultura: conhecimentos tradicionais e direitos intelectuais *Manuela Carneiro da Cunha*
41. Zoopoéticas contemporâneas *Maria Esther Maciel*
42. Ouvindo Racionais MC's *Walter Garcia*
43. Cultura e alienação *Darcy Ribeiro*
44. Borges e Machado: clássicos e formativos *Luís Augusto Fischer*
45. Por um cinema sem limite *Rogério Sganzerla*
46. Do quasi cinema ao transcinema *Katia Maciel*
47. A melancolia de Ulisses *Olgária Matos*
48. Jamais fomos humanos *Fréderic Vandenberghe*
49. Mal-estar, sofrimento e sintoma *Christian Dunker*
50. O ensaio como narrativa *Pedro Duarte*
51. Manifesto dos educadores *1932-1959*
52. Em busca da sociologia não paroquial *Renan Springer de Freitas*
53. Inquérito nacional de arquitetura *1961*
54. Tradição delirante *Ericson Pires*

www.ingramcontent.com/pod-product-compliance
Lightning Source LLC
LaVergne TN
LVHW051935220826
846093LV00018B/556